人文故事
RENWENGUSHI

考古的故事

董文俊 熊志勇 吴宁宁 著

河北出版传媒集团
河北人民出版社

引言

考古学是根据古代人类遗留下来的实物，研究古代社会历史的科学。考古是现代人了解古代的人们活动的重要手段之一。现代考古学19世纪中期起源于欧洲，它是在地质学的科学研究进步之后发展起来的。但“考古”这一名词，在汉语中出现很早。北宋时期的学者吕大临就曾著《考古图》（1092年）一书，不过，当时所谓“考古”，仅限于对一些传世的青铜器和石刻等的搜集和整理，与现代意义上的考古含义有很大的区别。

实际上，并不是所有人对遗迹的学术和科学研究感兴趣，最吸引人们的是价值连城的遗物。丹麦学者汤姆森被认为是真正的“考古学之父”，他早在1836年就提出将欧洲史前史区分为三个年代系统，即石器时代、青铜时代和铁器时代，这往往被认为是现代考古学的基石。

我们应该感激古人，他们用自己的聪明才智创造了这些宝贵的历史遗迹，给人类留下了无数的精神财富。人们通过考古发掘，把古代人活动的场所真正地重现出来，一幅幅这样的场景与文字资料共同完整地再现了古代社会的历史图景，把残缺、破碎的历史连接、统一起来。重大的考古发现一次又一次改写着人类的历史，它像磁石一样，吸引着天性好奇的人们。

考古活动总是与探险、离奇联系在一起，所以给人非常神秘的印象，令人神往。同时，考古活动中又充满戏剧性，如同一个个扣人心弦的故事：陕西农民一镐下去，挖出了惊天动地的兵马俑，雄伟的地下帝国被撩开神秘的面纱；开山炸石，炸开了藏有无数珍宝重器的曾侯乙墓；有“黄金帝国”之称的印加则是由一群黄金狂热者发现的；“地下城市”庞贝则是一位那不勒斯总督修建自己豪邸时发现的；法国人亨利·穆奥到柬埔寨本是为了找到特殊的蝴蝶品种，却发现了吴哥窟……这些意外的发现，正所谓“无心插柳柳成荫”，他们的无意之举为考古学家们解决了一个个大难题。

一系列的考古发掘证明了人类文明的进程绝不是呈直线形发展的。无休止的战争、对自然界的过度索取等都可能导致人类文明的中断，这是现代人需要反思的。众多遗迹带给我们的往往是对文明兴衰的追怀与感悟，对历史发展的深思、反省及人类对自身终极命运的追问和关怀。珍惜自然，珍惜生命，珍惜所拥有的一切。

要对几百年来世界范围内的考古发现作一个全面的描述是不可能的。因此，本书精选世界考古最重要的发现，以图文并茂、深入浅出的形式对其进行介绍，兼具知识性和可读性，相信能够满足读者的阅读需要。

让我们听着考古的故事，踏入考古的现场，去获取那份无可替代的感受吧！

目录

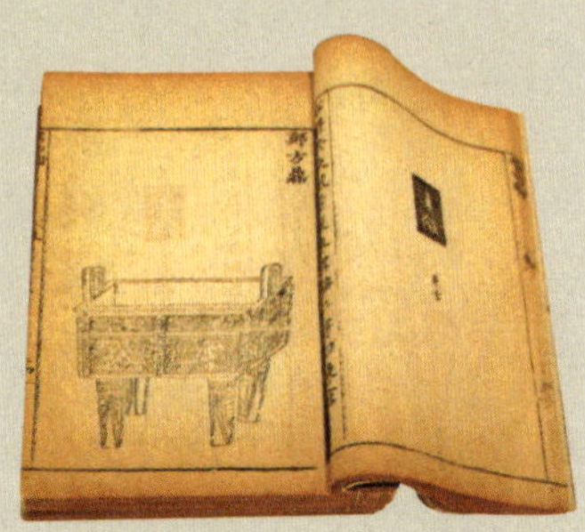

第一章　考古释义

第二章　觅祖寻根

第三章　文明溯源

第四章　咀嚼天书

第五章　古墓开光

第六章　王陵探访

第七章　废都揭秘

第八章　水底钩沉

第九章　古迹拾贝

第十章　透视奇观

第十一章　慧眼识珠

小词典

第一章　考古释义

考古——神秘兮兮的大众文化

小镢头与碳十四——考古方法简介

远古与现代的对话——解读历史尘埃掩盖的文化瑰宝

考古释义

考古
——神秘兮兮的大众文化

相传，在四川广汉的三星堆有一对活生生的金鸭子。尽管这对鸭子很少出没，但幸运的人还是能够亲眼见到。不知多少人做着一夜间成为巨豪富翁的梦，可奇怪的是，尽管人们想尽了千方百计，可鸭子依然逍遥世外。

1986年，三星堆来了一队考古人员，当地的老百姓听说他们是来“捉金鸭子”的，都喜不自禁地竞相奔走相告：“金鸭子终于可以被捉住了！”

金鸭子最终被捉住了吗？当然没有！不但没有捉住金鸭子，这些考古人员还尽“做些赔本的生意，挖些破烂瓦片”，说要带回去“研究研究”。

在21世纪的今天，我们都知道，那些考古人员把那些破砖烂瓦带回去研究，包括他们在当地的挖掘活动都被称为考古。挖出的东西不管是金鸭子还是破砖烂瓦，对他们来说都是宝贝。

在19世纪以前，考古如同一种奢侈品，只有那些王公贵族们才能消费得起。他们将考古的收获作为在后花园中消闲解闷、炫耀教养的一种方式，至于那些布衣百姓，他们衣食尚且不保，哪里还会有心思去关心这不当吃不当穿的“破烂”呢？

至19世纪，科学的考古学诞生。可是，考古依然没有走到大众生活中。在公众的眼中，考古是一门极其深奥的学问，是博学的人把玩古代琳琅满目的珍奇异宝，是闲暇的人骑着高头大马踏山涉水、探宝寻往。

时过境迁。历史走过20世纪而进入到21世纪。知识的大众化使考古的神秘色彩日益剥落，这门充盈着浓厚的古代气息的学问终于融入到了现代人们的日常生活中。人们开始意

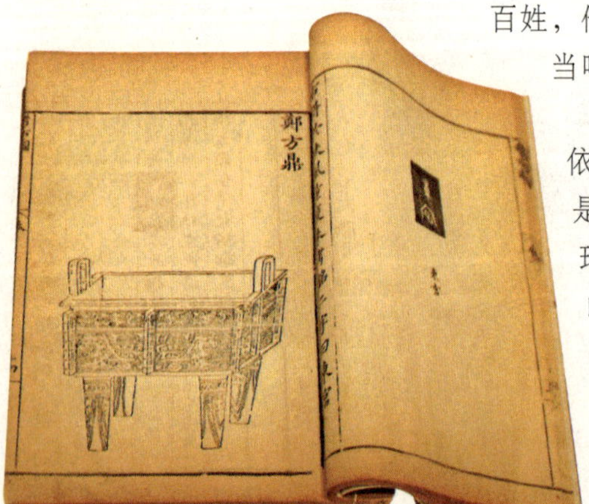

清刻本《考古图》：北宋吕大临著，清乾隆十八年（1753年）刻本。吕大临（1040—1092年），字与叔，京兆蓝田（今陕西蓝田）人，中国最早的金石学家。《考古图》是中国最早的金石学著作，著录和研究了古代流传至当时的古器物248件，每件都绘图并注以名称、尺寸、重量、铭款，并说明来源。

识到，那些老祖宗们留下来的“破烂”，包括简陋的房屋、恐怖的墓葬、破碎的瓦罐以及锈迹斑斑的铁器、铜器等都是重要的历史文化遗产，也正是考古的对象。然而，是不是所有的古代的东西都可以作为“古”被“考”呢？

答案当然是否定的。世界各国的考古范围如同各自的国旗一样，不尽相同。比如，英国把资产阶级革命（1640年）之前的年代都列在考古的范围，而法国则把加洛林王朝的覆灭（987年）定为考古的下限。中国的哪一段算作“古”呢？现在，大多数考古学家所普遍接受的是把明朝的灭亡作为考古的截止日期，古不考“三代以下”的说法已基本上被湮没。

说到考古学，还有一些人会想到金石学。这就像在西方的考古言必称希腊罗马一样。那么，金石学与考古学到底是什么关系呢？

有些人把考古学和金石学视为一谈，这种说法难免牵强而武断。实际上，如果把中国的考古成长过程作为一个人的一生，那么金石学就是考古学的童年。也就是说，金石学是考古学的前身。它诞生于1000多年前的北宋时期，当时的学者专注于研究“吉金”和石刻，研究的范围并不像现代这么广泛。金石学慢慢成长，至清朝时，演化为古器物学，但是也不等于考古学。随着近代考古学在中国的诞生，考古学逐渐壮大，金石学研究也逐渐演化为考古学的一个分支，成为考古大家庭的一分子，与它地位相当的还有植物考古学、动物考古学、水文考古学、沙漠考古学、环境考古学、农业考古学、冶金考古学及医药考古学等。

寒来暑往，考古在经历了历史的风雨、岁月的颠簸之后，实实在在地走进了大众生活之中。当那些保留于人们的记忆里、流传于世代的口头上、记载于浩瀚的书海中的历史已经不能满足现代人探求历史真实的渴望时，而只有那深埋于历史尘埃中的人类文化遗产才能够弥补他们的缺憾。这一点，我们可以从每天跨入故宫那红色大门的脚步看到，也可以从秦始皇陵处川流不息的人群感受到。

概上所述，考古从此不再是高不可攀的贵族专利，也不再是神秘兮兮的文人学问。虽然不能亲身经历考古学家一把锄头叩响大地时的惊心动魄，但当我们阅读着考古的故事时定会感同身受，而当除掉考古那身神秘的外衣时，我们看到的将是一部无可替代的、惊世骇俗的鲜活历史！

小镢头与碳十四
——考古方法简介

一提到考古，人们总会自然而然地在脑中浮现出这样一幅画面：几个考古人员身负行囊、肩扛镢头、手持木棒，不时地挖挖刨刨、探探敲敲、看看听听，俨然一队地质勘探人员在进行实地勘测。这幅画虽然看似简单通俗，但这里面却暗含着一种重要的考古学方法，那就是田野调查与勘探。

可别小觑了这个小镢头，考古学发展的历史表明，考古发现大多是偶然的机会和田野调查、勘探的结果。而且，随着考古学的发展，考古发现越来越多地依仗田野调查、勘探所获取的资料。当然，现代的考古调查与勘探早就不是那种扛着镢头上山转悠的状况了。现代的考古方法中都运用了顶新、尖端的自然科学技术，比如地球物理勘探、海洋考古和遥感考古等。

乍听上去似乎匪夷所思，可这些考古方法在现在的考古中的确被广泛应用。地球物理勘探法是意大利一个工程师卡洛·莫里利奥·莱里西发明的。这个聪明的工程师把一般用来在沙漠或山地寻找水源的地质物理方法用于考古工作。他从罗马以北的伊特拉斯坎古墓区着手，用高度灵敏的仪器，在最短时间内测出了几百处地下墓藏的位置。有一种机器可以钻透墓室的顶盖，然后把潜望镜伸进墓室拍摄照片，无须打开墓室即可了解室内情况，既可以避免费尽力气挖开以后却是空穴的情况，又可以选取最合理的方式挖掘。

绵绵长长的沿岸大陆架的沉船数以百计，其中蕴藏的财富难以估计！可是如何去发掘这些人类遗留在海底的珍宝呢？法国人雅克—伊夫·古斯陶告诉我们：运用现代潜水用具，“蓝色的博物馆”的大门同样向我们敞开！

什么又是遥感考古呢？

说白了就是航空考古。考古过程中难免会遇到面积太大或是地面旅行者难以到达的地点。这时候，遥感考古无疑就是选择！航空照片同样可以显示地面形状和土壤颜色的微小变化，决不妨碍查看出地下古建筑的踪迹。

遥感考古是一种前景十分广阔又值得提倡的探测方法，而且日益为考古学家普遍接受和推崇。

需要指出的是，考古不单单是依靠“小镢头”和这些先进的方法进行勘探与发掘，它的主要目的是利用发掘的资料进行研究。而研究中首先需要了解的就是考古资料是哪个年代的，这就给那些没有文字记载的考古资料出了难题。然而，似乎什么也难不倒人类！

1949年美国科学家利比发明了碳十四测定年代的方法，并把它引入考古学，整个考古界为之振奋不已！利比也由此获得1960年诺贝尔化学奖的殊荣。

碳十四测年代的原理理解起来并不难。我们知道，在自然界中，无论动物还是植物，都能产生出大量的碳元素，这些碳元素中有一种十分特殊的元素，它就是带有放射性的同位素十四。这种碳元素和空气中的碳元素在保持着同样比例的同时进行相互的交换。但是，随着生物的死亡，交换也就停止，生物体内的碳十四不断减少且不能得到补充，这样碳十四就会因衰变而降低，而且是每过5730年碳十四原子就降为原有水平的一半值。利用碳十四元素不断衰变的规律，就可以测定古物的年代。

例如，北京周口店龙骨山的山顶洞人的年代，以前只能大致定为旧石器时代晚期，最初估计为距今10万年左右，但当碳十四承担起测定年代的重任时，山顶洞人终于有了真正属于自己的确切年代，为距今约两万年。闻名于世的“夏商周断代工程”自然也少不了碳十四的功劳！

现在，利用碳十四测定年代已经为考古学界普遍应用。但是，碳十四测定年代也并非都是准确无误。因为在对碳十四半衰期和碳十四年代的统计、标本的采用以及实验室

英国莫斯莱考古小组在危地马拉基里瓜营地，考古学家阿尔弗雷德·佩斯瓦·莫斯莱（Alfred Perceval Maudslay）在美洲玛雅地区潜心研究玛雅遗址15年（1881—1894年）。

测定中都难免出现误差。基于碳十四的局限，考古学家还在不同的时期、不同的场合、根据不同的考古遗存采用诸如树轮年代学、古地磁法、裂变径迹法等断代，力求使得考古断代方法能够更加完善。

所有这些先进技术不仅提高了考古工作的质量，而且在数量上也大大增加了考古的成绩。眼下，科学技术发展更加日新月异。随着科技的进步，考古方法会越来越多，也会越来越先进。

但是，无论到什么时候，我们坚信：只要考古存在，小镢头与碳十四就决不会被丢掉！

远古与现代的对话——解读历史尘埃掩盖的文化瑰宝

当现代人驾着飞机翱翔天空，开着汽车驰骋大地的时候，很少有人会将这与古希腊测量天体运行的计算机和赫梯的轻便战车联系起来。其实这也毫不奇怪，有多少人会撇开未来的100年而去关心过去的5000年？

然而，人们可以不关心过去，却不能够否认历史。历史本身就是一种宝贵的生存经验，没有人能够生活在历史的遗产之外。当河姆渡遗址出土了距今6000年的古老稻谷时，当苏美尔人第一次用木棍在湿漉漉的泥板上画下文字时，人们还能对过去所发生的一切保持漠然吗？对此，德国著名的考古学家希拉姆早就领悟到：“人类如果想要看到自己的渺小，并不需要仰视繁星密布的无垠苍穹，只要看看我们之前几千年就存在过、繁荣过，而且已经灭亡了的世界古代文化就足够了。”

而所有这些“存在过、繁荣过，而且已经灭亡了的”了不起的成就，都是考古带给我们的愉悦和享受。

考古学家考的是古，思的是今，想到的却是将来。他们是要研究过去，警醒现世，探索未来。

“考”古，并不是将藏在地下的宝贝挖出来了事，它还暗含着“证”。

“六王毕，四海一，蜀山兀，阿房出……五步一楼，十步一阁；廊腰缦回，檐牙高啄；各抱地势，钩心斗角……戍卒叫，函谷举，楚人一炬，可怜焦土！”这是杜牧告诉我们的阿房宫，它鬼斧神工的建筑令世人瞠目，而楚人一把大火也着实让人痛惜！然而，考古发现证明，杜牧跟我们撒了个弥天大谎。被焚的并非阿房宫，而是秦的咸阳宫。

无疑，阿房宫的例子是对史书记载无言的讽刺。相信没有哪一个能够像考古这样无惧无畏地挺身而出，向权威的史书记载发出挑战；也没有哪一个能够将如此活生生的过去摆在世人面前，以无言的铮铮铁据检验、推翻、印证着历史，讲述着真实的过去。从事这项工作的正是考古学家，他们凭着侦探一样的锐利目光，把许多石头一块一块地拼在一起，直至拼成一条清楚的、不容置辩的、合乎逻辑的道路，达到最终的目的。

而许多时候，人们不仅仅需要在书本的海洋里遨游，他们也需要一个鲜活的、可以触摸、可以体验的历史，一个温存的或者是残酷的梦乡，需要在必要的时候，能够置身于这种历史氛围，从而使现在与未来在历史的泽被下更加明亮和坚实。这个时候，除了感激考古学家，我们还能说什么？

人类历史这本大百科全书每天都在合上旧的一页、翻开新的篇章。这个时候，逝去的是岁月，留下的是积淀。

众所周知的雅典的神庙、埃及的金字塔、中国的

墓葬坑内的陶俑群：陕西咸阳汉阳陵博物馆。陶俑身上的袍服已腐烂。

阿房宫遗址前殿夯土台基：台基东西长1270米，南北宽426米，夯土面积达54万多平方米。

万里长城……这些都曾是光华四射的古代建筑，历史的风霜雪雨留给它们的却是更多的沧桑与凝重。而正是这种承载着历史的沧桑与凝重在深深感动和震撼着一代又一代的朝拜者，这恰恰是物质丰裕的现代社会所不能给予的。

现在是过去实实在在的延续，而未来又将是现在千百万个可能中人类所做出的一种选择。除了取舍，我们别无选择。而真正能够帮助我们做出合理取舍的，就是过去。而要展现一个真实的过去，又离不开考古，这是文化的宿命。

历史在继续，考古也正如火如荼。追踪文明的圣火，探寻先人的足迹，哪怕就是为了未来的100年，且让我们尊重逝去的5000年！

第二章　觅祖寻根

觅祖寻根

奥杜威大峡谷
——南方古猿的栖身之地

1972年，东非奥杜威峡谷热浪袭人，骄阳炙烤着这片起伏的谷地。

峡谷形成于数千万年前，有大量古人类遗骸和工具被埋在地层中间。在近50万年时间里，一条溪流穿过堆积的地层，将遗迹暴露了出来，使它成为一个对研究人类起源有重大价值的考古遗址。

峡谷里，一个白人青年顾不上当头的烈日，贴着滚烫的地面在仔细地寻找着什么。此时他已经闷热得都快要喘不过气来，浑身黏糊糊的，可还得不停地驱赶着大群令人厌恶的苍蝇。

“该死！真不该来这种鬼地方做什么古人类研究！”他不禁心生怨气，这时候要是能够躲进阴凉的树荫下，该有多好。

这位嘟嘟囔囔的小伙子名叫理查德·利基。

说起“利基”这个姓氏，不能叫人不联想到著名考古学家路易斯·利基。这位自负且固执的英国人在早年就决心在东非寻找早期人类化石遗存，并于1931年首次在奥杜威峡谷发现了原始手斧。他认为这些工具是大约100万年前由一个早期人类种属制造的。

东非人头骨化石——鲍氏南猿：奥杜威峡谷出土。北京自然博物馆藏。

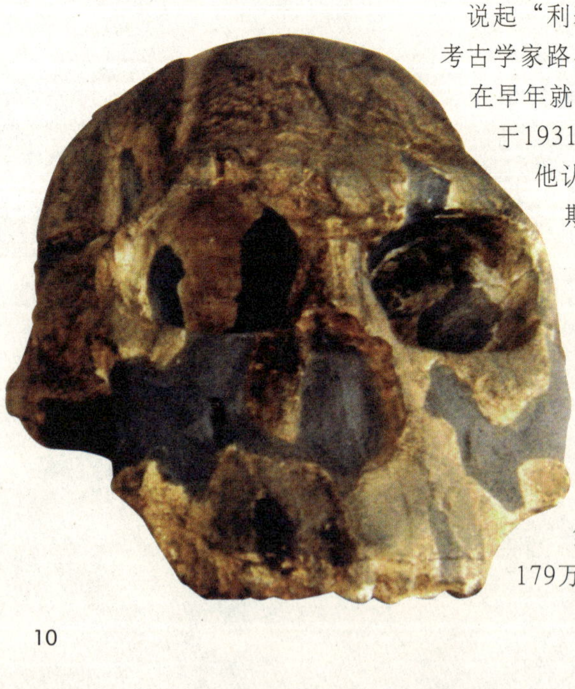

尽管他粗枝大叶的工作作风被许多专家批评并视为蛮干，但自1959年夏天起，利基家族的一系列重大发现，却足以让“利基”这个姓氏在考古界闪闪发光。

那年，他的妻子玛丽·利基在峡谷找到了400多块头骨化石碎片。经钾氩法年代测定，该头骨属于一个生活在179万年前大致与人类相似的动物。由于它硕大的牙齿像夹子一样，报界称之为“胡桃夹子人”。可惜后来证实，“胡桃夹子人”并不是人类的直系祖先，它其实是人类进化路线上的一个已灭绝的旁支，因此后来被改属南方古猿，称为“南方古猿鲍氏种”。

一年后，在距离“胡桃夹子人”不远的地方，他们的长子乔纳森发现了一个大约生活在170万年前的灵长目动物头骨遗存。与“胡桃夹子人”不同，它的脑容量更大，更接近人类。1964年，路易斯·利基和他的同事经过研究后，认为它才是当时业已发现的奥杜威工具的制造者，因此把它命名为“能人”，即“有才能的人”。

利基家族的一系列发现不仅为进化论提供了进一步的证据，也有力地支持了人类的“非洲起源说”。

理查德·利基是利基家最小的儿子。

尽管从未上过大学，但理查德继承了父亲独立的性格，他加入了一家帮助旅游者徒步穿越东非的探险公司，足迹踏遍了整个东非大地。

面对家族其他成员辉煌的成就，理查德坐不住了，于1968年组织了一支探险队进入东非大裂谷。他选择了奥杜威峡谷北端的库比福勒进行考古发掘。那段时间虽然有所收获，但发现的化石影响都不太大。

1972年，也就是老利基生命的最后一年，理查德终于取得了一项惊人的成就。在特卡那湖附近，他找到了一个属于“能人”的头盖骨碎片。这一头盖骨比其兄长发现的那个更加完整，也更加古老。在那里，理查德还发现了一些简单的石制工具。

该化石的头盖骨比以往发现的类似化石的头盖骨要大，而且不像其他颅骨化石那样有明显的眉嵴骨。尤其令人感兴趣的是，其脑容量要比“能人”多出100毫升。经审慎分析，认定该头骨化石的年代为190万年前，并且“他”已能制造工具。最后，“他”被正式划定为人类的一个新属，即卢多尔夫人。

这一成就对老利基而言真是一个莫大的安慰，他的儿子仅用了4年时间，就将人类进化的时间表向更古老的年代推进了一大步！

除了辉煌的发现，利基家族的贡献还包括一种科学的探索精神：他们勇于发现，同时也敢于坚持自己的

露西

古人类化石，约有320万年的历史，被称为人类的祖母。1974年，美国科学家唐纳德约翰逊等领导的一个考古小组在埃塞发现了“露西”，遗骸化石具有大约40%的完整性。“露西”属于南方古猿阿法种，被看作是人类起源研究领域里程碑式的发现。露西化石目前保存在埃塞俄比亚国家博物馆。

观点；而当自己的成就被超过时，他们更乐于保持一种开放性的态度。

与此相反，尽管“露西”的发现者——唐纳德·约翰逊取得了更大的成就，但科学精神的缺乏却几乎将他引向歧途：他深知“最古老”一词的价值，因而特别热衷于宣称自己找到了最古老的人类。尽管新的考古发现源源不断，人类历史在今天已经延长到了600万年，他仍沉浸在当年的光辉中。直到1996年，约翰逊在一篇文章中还企图顽固地坚持：“露西也许不是我们最古老的祖先，但她仍是我们了解得最多的先人。”这真是一个莫大的悲哀！

巫山人

——三峡高地的华夏之祖

“朝辞白帝彩云间，千里江陵一日还。两岸猿声啼不住，轻舟已过万重山。”“诗仙”李白的这段千古绝唱，曾经勾起多少人对长江三峡的无限遐想。是啊，雄伟壮观的长江三峡，不仅以其迷人的自然风光闻名于世界，而且以蕴藏着极其丰富的古代文化震撼中外。

说起探索人类起源的考古活动，不能不提到世界著名的东非大裂谷。东非大裂谷的谷底为河湖沉积发育，有着丰富的人类化石、文化遗存及哺乳动物的化石。东非大裂谷人类的发现，让西方学者提出了人类起源于非洲的结论，亚洲直立人则是从非洲扩散而来的。尽管中国学者曾提出过“亚洲也可能是人类起源地之一”的看法，但一直缺少200万—400万年前人类化石材料的证明。

长江三峡与东非大裂谷同属世界范围内造山运动活跃时期的产物。两地虽隔万里，但却有着惊人相似的地形、地质、地貌结构：海拔高度适中，气候温和宜人，雨量充沛，森林茂密，喀斯特地形发育良好，溶洞星罗棋布，是古人类繁衍的理想场所，也是探索人类起源的最佳之地。

100多年来，中外人类学家、考古学家都曾在三峡地区采集到新石器时代以前的遗物。1870年欧文在

《中国化石哺乳动物》一文中，描述了三峡和四川的几种哺乳动物，如中国貘、东方剑齿象等，均是欧文研究后定名的。20世纪20年代，美国古生物学家格兰阶以旅游为名，在三峡考察，希望能得到人类化石，并在今三峡库区万县盐井沟购得化石，据此出版了《中国四川石灰岩裂隙中之更新世哺乳动物》一书，在国际上产生了较大的影响。但这些遗物由于缺乏确切的地层关系而无法断代。

1984年—1988年，在四川省文化厅和国家自然科学基金委员会的赞助下，由中国科学院古脊椎动物与古人类研究所、重庆自然博物馆、巫山县文物管理所等单位组成的一支长江三峡科学考察队，在三峡地区巫山县庙宇镇龙骨坡发现了距今204万年更新世早期的古人类化石，包括含有两颗臼齿的下颌骨一块，新生出的恒门齿一枚，被命名为巫山人。

与古人类化石同时出土的还有116种哺乳动物化石群，其中大部分已灭绝，仅有10余种至今还生存在地球上。而且发现了10多种更新世早期步氏巨猿化石，距今200多万年。更重要的是还发现了古人类加工或使用过的两件石器。

1986年11月29日，联合考察队在重庆举行新闻发布会，向全世界公布了这一重大发现。《人民日报》、《光明日报》、中央电视台等全国数十家报刊、电台、电视台纷纷公布了这一振奋人心的消息，并在世界学术界、考古界掀起了一次有关人类起源的大讨论。

一个震惊世界的“巫山人遗址”就这样展现在世界面前。

完整的巫山人：长江三峡重庆巫山发掘，距今7000多年。

当时中科院公布的巫山猿人距今是180万年。1991年，中科院先后经过孢粉分析、古地磁和氨基酸测定，其地质年代为更新世早期，距今204万年，后又经美国、英国等科学家用最先进的电子自旋共振法测定，其年代被正式确定为200万年前。但无论是204万年，还是200万年，这一年代都毫无疑问地向世界证实了巫山猿人是目前亚洲发现的最早的人类。从此，巫山人遗址名闻遐迩。

1997年在第二阶段的发掘中，出土大量的石器，制造粗糙，第二步加工者甚少。在同一地点有如此一系列的重大发现，是世界古人类发掘史上罕见的，也是世界上研究人、猿分野的理想宝地，说明在200万年前，华夏大地已有了人类的足迹，证实长江三峡地区是世界人类祖先最早的发祥地之一，为人类起源于亚洲说提供了新的佐证。

到目前为止，三峡是世界上独一无二的研究人猿分野的地域，连著名的非洲奥杜威峡谷也无法与三峡相比。因为，巨猿和“巫山人”共同生活在一起，足以说明在长江和三峡尚未形成之前，猿人和巨猿的祖先就栖息生存在那里。

毫无疑问，这个新的发现将动摇人类演化的理论，我们有理由相信，黄种人的祖先，就是从三峡高地走向世界的。

元谋人——“彩云之南”的惊人发现

在我国西南地区，有一个被称为“彩云之南”的美丽家园——云南，这里山川秀丽，气候宜人，植被繁茂，物产丰富，是我国迄今所知最早的人类发展、演化的重要地区。

元谋人的故乡，位于云南省北部的云南盆地，这里是滇中高原上一个最低的盆地，海拔在1100米左右。1965年5月1日，中国地质科学院地质力学研究所的几位地质工作者，在元谋盆地进行第四纪地层和新构造运动的调查时，在元谋县城东的上那蚌村附近的一个山麓小丘上发现了两颗石化程度很深的外形似人牙的门齿化石，这是我国境内迄今发现有人体化石最早的文化遗址。化石是属于同一个成年男性个体的牙齿，一为左上内侧门齿，一为右上内侧门齿。两颗牙齿硕大，唇面比较平坦，舌面的模式极为复杂，显示出它们的古老性，其特征是现代人所没有的。

这两颗门牙与周口店所发现的北京人相比，既有相似之处，也有明显差异：元谋人的标本齿冠末端扩展、较宽，基部比较收缩，略呈三角形；北京人的标本则略呈长方形，因此元谋人的时代早于北京人，距今约170万年。研究者以化石出土的元谋县命名，定为直立元谋新亚种，简称元谋直立人，通称元谋人。

把元谋人的牙齿与类人猿、巨猿、南方古猿以及北京人、智人进行比较研究，发现元谋人较为接近南方古猿与北京人。他们同北京人有明显的差异，而与南方古猿的差异程度却比北京人更大。由于他们的生存时代比北京人早，据已有的直立人资料所表现的复杂情况，及元谋人的上、中门齿，可将元谋人定为我国南方至今已发现的早期类型直立人的代表。

元谋人是从纤细型的南方古猿演变发展而来的。纤细型的南方古猿沿着非特化的道路发展，他们艰难地从树居生活转向地面生活，既要顺应自然界，还得利用自然界的物体，如树枝或石块作“工具”，以获取必要的生活资料。工具逐渐成为不可缺少的生存手段。他们在使用过程中积累了经验，认识了某些工具的性能，进而有意识地选择有利于达到自己目的的自然工具，这就已由猿的范畴进入人的时代。制造工具是区别人和猿的根本标志。只要能利用一块石头把另一块石头打制成工具，不管这工具多么原始、简单，它就标志着由猿进入了人类的时代。

随着元谋人化石的发现，有关部门曾多次组织调查和发掘，其中以1973年的发掘规模最大，基本上摸清了出土元谋人的地质层位，发现了与元谋人共存的一批哺乳动物，特别重要的是在出土元谋人牙齿的同一地层中，找到了一些石器和大量火烧的炭屑。说明元谋人已能使用并制造工具，也能使用火了。

经考古查明，元谋人所在元谋盆地共有1000多米厚的第四纪堆积物，当时这一盆地中是一厚达695米的河湖相沉积。依据沉积特征，结合对孢子花粉及哺乳动物化石的分析，沉积可从下而上分为四段。元谋人化石在第四段的棕褐、褐色黏土中发现。

在元谋人化石所在的同一地层中出土的大量哺乳动物化石中，常见的有云南马、麂鹿和牛、羊、竹鼠、

古猿人塑像：云南省元谋县。

兔、猪、猫等类，还有虎、豹、象、犀牛等大型凶猛的野兽。在这类动物群中，有的生活在灌木丛间较低湿的地区，有的则以山中的森林为家，根据对孢子花粉的分析，植物以松木为主，还有羽杉、桤木、榆木等。

元谋人的生活极为艰难，他们常受到猛兽的袭击，也受到恶劣气候的侵袭与疾病的困扰，他们只能依靠群体的力量，利用简陋的工具与大自然作斗争。工具的使用，使他们能从大自然中获得更多的生活资料；群体的力量使他们能够战胜凶猛的野兽，对付大自然的灾害，从而驱使他们创造出得以生存和发展的条件。

考古学家还认为，“元谋人”的一支北上越过金沙江，到甘肃、青海成为古羌戎人，还有的元谋人继续往东北越过白令海峡进入美洲，成为印第安人的祖先。

元谋人的发现并没有中断人们继续探寻更古老人类的活动。1986年10月，元谋县物茂中学初一学生、彝族姑娘李自秀在当地的豹子洞沟发现了一颗人类牙齿，经考证，这颗牙齿距今约210万年，专家将其命名为“东方人”。1988年，人们又在元谋县小河村地区的蝴蝶梁子出土了比“东方人”更早的人类化石，距今约270万年。专家将这一人类命名为“蝴蝶腊玛古猿”，认为“蝴蝶腊玛古猿”才是东方人的直系祖先。这个结论将中华民族史又推前了100万年。

秦岭幽灵
——直立行走的蓝田人

在2500万年前的新生代，陕西蓝田是烟波浩渺的古三门湖组成部分。到约300万年前的第三纪末，地壳上升，湖水消退，形成洪积平原，以后秦岭逐渐隆起。到了110万年前蓝田猿人生活的时代，今西安地区的自然面貌基本形成，主要山脉河流已具雏形。

当时的秦岭比较低缓，海拔1000米左右，还没有发展成南北气候带的阻隔。灞河水量充沛，流量稳定，河床平缓，河滩宽阔，对两岸没有形成明显切割。公王岭仍是一片平原，黄土层厚度仅10米左右。这里气候温暖湿润，雨量充沛，森林茂密，类似今长江以南的亚热带地区，整个大地被森林草原覆盖。

据孢子花粉分析，生长的植物有松属、胡桃属、桦属、鹅耳枥属、朴属、桔属、蔷薇科、卷柏属、水龙骨科、十字花科、车前属、蒿属等。活动在森林中的动物有大猕猴、虎、豹、犀、古熊、大熊猫、剑齿虎、剑齿象、豪猪、马来貘、毛冠鹿、水鹿、爪兽等，草原动物有三门马、肿角鹿、斑鹿、鬣狗、羚羊、中国貉、杨氏狮、鼬以及各种啮齿类动物。已发现的与蓝田猿人共生动物群有42种哺乳动物化石，带有强烈的南方动物群特点。

1959年，地质学家在陕西蓝田县境内发现剖面完整的新生代地层，引起人类学家浓厚兴趣。1963年，一支由中国科学院古脊椎动物与古人类研究所组织的野外工作队，在蓝田县泄湖镇以北陈家窝村附近山沟首先发现一具古人类老年女性下颌骨化石和石器工具(经测定，陈家窝猿人距今约65万年)，并在县药材公司收购的“龙骨”中发现古哺乳动物牙齿。

经调查，这枚牙齿来自厚镇乡。以此为线索，又发现了厚镇乡境内公王岭这块考古宝地。这里的新生代地层发育典型，化石埋藏十分丰富。1964年，在公王岭继续扩大发掘的过程中，在距今地表21.62米的淡黄色砂质土层中先发现一枚古人类牙齿，因大量化石包裹在大块钙质结核中，决定用木箱套装运回室内整理。1964年10月12日，从中剔出蓝田猿人的头盖骨化石。

经古地磁测定，蓝田猿人距今约115万—110万年，按国际学术界命名惯例，被定名为直立人蓝田亚种，通常称“蓝田猿人”或“蓝田人”。

蓝田猿人的体貌和进化特征比北京猿人更为古老原始。他的眼眶上缘有突出的眉嵴，这种猿类的体貌特征到晚期智人时才基本消失，而蓝田猿人的眉嵴比北京猿人和爪哇猿人还要突出。蓝田猿人前额低平，头骨高度为78毫米，比北京猿人(93.5—105毫米)和爪哇猿人(92毫米)更小；脑量为780毫升，这个数字也比北京猿

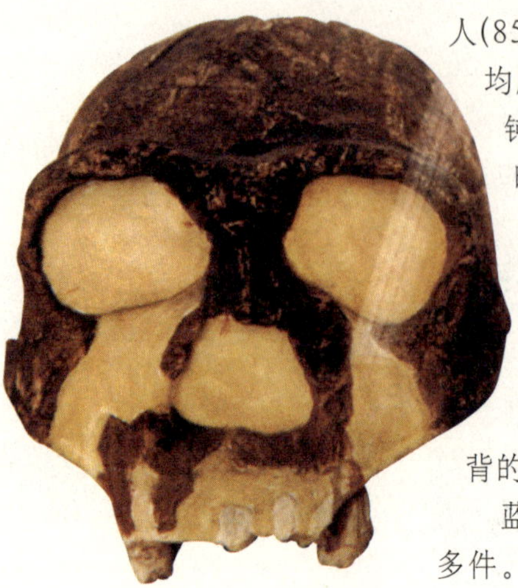

蓝田人头骨：陕西蓝田公王岭出土，北京自然博物馆人类展厅。

人(850毫升)，爪哇猿人(795毫升)小，而现代人的平均脑量已进化到1400毫升。蓝田猿人枕部宽阔而圆钝，轮廓呈楔形，头骨壁板厚，眉嵴粗壮，眼眶略呈方形，鼻梁低平，没有下颏，嘴巴前突，牙齿粗大，齿冠粗短。人类学家根据这些特点和解剖学原理，计算出他的面部各部位肌肉厚度，复原了蓝田猿人头像。专家们认为，蓝田猿人已能直立行走，身体粗壮，腿比较短，双臂相对较长，下垂时接近膝盖，头部向前倾，有点驼背的样子，立正时不能像现代人那么笔直。

蓝田猿人的文化遗存，主要是旧石器，共发现200多件。它们用脉石英或石英岩砾石打制而成，有尖状器、刮削器、石片、石球等。

手斧是蓝田猿人最引人注目的工具。考古学家原先把这种石器视为欧洲旧石器早期文化的特色。在亚洲东部的这一发现使得学术界感到困惑：它们究竟是远古文化交流的结果，还是蓝田猿人的独立发明？至今仍是不解之谜。用脉石英打制的盘状器很可能用于割裂和刮削。它的中心凸起，周围成刃，直径约10厘米，有明显长期使用的痕迹。这种盘状器在黄河流域旧石器晚期遗址中也有发现。遗址中出土的石球则是狩猎工具，不过，我们不清楚它的使用方式。除此之外，还有砍砸器、刮削器等与北京猿人相似的工具，但器形更大，显得粗笨，表现出明显的原始性。

蓝田猿人的发现，增加了对古人类地理分布范围的认识，丰富了人类发展物质文化的记录，填补了人类进化过程中的重要环节，同时也为女娲炼石补天抟土造人的神话增添了一段科学补注。

冰川期斗士——尼安德特人

恐龙灭绝了，冰川下长眠着猛犸象，鹦鹉螺只剩下死寂的壳……有没有想过有一天，人类也会成为地球上的过客？

觉得这个想法好笑？1856年在德国西部的考古发现，大概会让你很难再笑得出来。

这年8月，在德国杜塞尔多夫市附近的尼安德特河谷，一群工人在清理一个石灰岩洞时发现了一些骨头碎片。按照通常的做法，这些垃圾和土石一起立即被清除掉了。

消息传到了附近的一位教授那里，他连忙赶到了工地，设法抢救回了其中的14块骨头。

经研究发现，这些骸骨化石属于一位成年男性，其中还包括了一块头骨。但是，与一般人的头骨相比，这块头骨更扁平，而眉骨也更加突出。根据头骨的形状，研究者们推测出了这名远古河谷居民的外貌特征：他体形强壮而笨重，拥有一个像现代欧洲人那么高，同时又像现代非洲人那么宽的大鼻子，而且，鼻孔可能更朝向前方。前额很低，下颌突出，巨大的牙齿也不寻常地向外突出。

他是谁？是人类远古祖先，还是一位得了骨病的畸形人？

随后，类似的化石开始在西起西班牙和法国、东到伊朗北部和乌兹别克斯坦、南到巴勒斯坦、北到北纬53度的广大地区被大量地发现。显然，不可能有那么多人患上完全相同的骨病。

那么，他是现代人的祖先吗？

学者们摇头反对。

实际上，他属于智人，可能是20多万年前的冰川期时被隔离在欧洲的海德堡人的后代，但只是现代人的近亲，而非直系祖先。根据其发现地，人类学家正式将其命名为“尼安德特人”。

在距今20万年至37000年之间，这些身体强健的尼安德特人曾经活跃在广阔的欧亚大陆，从德国到非洲，从比利时到中国和爪哇，到处都留下了他们的踪迹。

在漫长的冰川期，尼安德特人演化出了一种适于寒冷条件下生存的文化——莫斯特文化。他们懂得用兽皮制造帐篷，并知道用石头将帐篷的周边压住。他们会用兽皮制造衣服，而且发展出了像长矛、棍棒和套索等有力武器。最重要的是已经懂得用火，将人类抵御自然环境的能力又大大地往前推进了一步。

他们懂得情感和友谊，会照顾老人和残废者，而

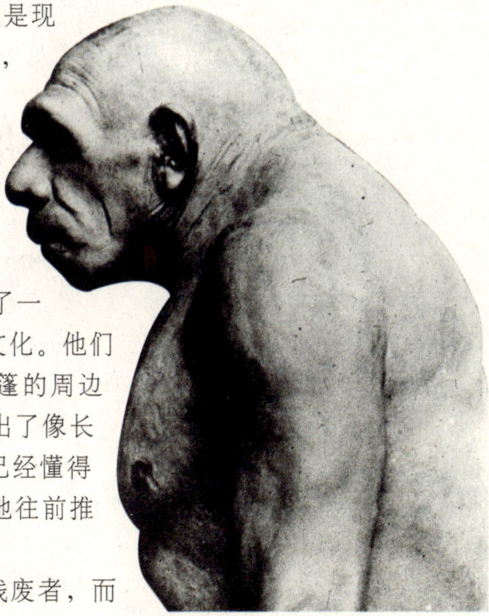

尼安德特人（模型）：1920年芝加哥菲尔德博物馆。尼安德特人从20万年前开始统治着整个欧洲和亚洲西部，但在28000年前，这些古人类却神秘消失了。

不是像以前那样抛弃他们。在法国发现的一具完整的尼安德特人墓葬中，尸体旁放有燧石、石英块以及野牛与驯鹿的骨架，说明尼安德特人已经出现了有意识的墓葬，开始学会思考诸如死亡这样的概念。

但是在大约4万年以前，当地球上最后一个冰川期在欧亚大陆蔓延的时候，西欧的尼安德特人却突然神秘地绝迹了。

2000年，在首次发现尼安德特人的同一地点，人们又发现了新的尼安德特人骸骨。这次发现的骸骨中，还有一位女性的肢骨。研究表明，在她刚刚死去之后，她的骨头就被人砸断了。至此，一个残酷的关于物竞天择的故事终于重见天日。

随着4万年前的另一个冰川期到来，又一群外来移民进入欧洲大陆。这些外来者身材高大，行动敏捷。他们也许和尼安德特人同祖，但是在漫长的岁月中已经进化成了更先进的智人。与此同时，在寒冷气候以及“基因孤立”的条件影响下，西欧的尼安德特人不但没有继续发展，反而后退了，最终沦为新移民的捕猎对象。胜利者用石器砸开了败者的肢骨，将蛋白质丰富的骨髓吸食掉。

也许令人毛骨悚然，但是进化就是如此残酷。它是个机械的程序，一切都是在一连串偶然条件下才变成现在这样子，只要一个意外，时代广场上来来往往的大概就会是另一种生物了。

印尼爪哇人
——“欧洲起源说”的克星

人类是怎样诞生的?

印第安人相信，是神创造了天地之后，将人类从地下带领上来。

毛利人传说远古时天和地未分开，四下漆黑。天地的儿子渴望得到光明，便用力将天地推开，光明于是出现，一向藏在黑暗中的人类便被发现。

在日耳曼神话中，天神欧丁和其他的神在海边散步，看到沙洲上长了两棵树，于是就把它们分别造成了男人和女人。

希腊神话说，神从地球内部取出土与火，派普罗米修斯和埃皮米修斯，分别创造出动物与人类，并赋予人类个性和智能。

而“女娲造人”和“上帝创世说”则是我们更为熟悉的版本。

尽管在达尔文创立“进化论”后，多数人更相信人是生物进化的产物，但如同祖先们那些众说纷纭的神话一样，人类究竟是在哪里起源？人类从人猿主干上分离，最先发生在哪一地区呢？

在近代，欧洲曾一度被认为是人类的发源地。

在当时的欧洲，尤其是西欧版图上，密密麻麻挤满了古遗存：从1823年到1925年就发现了116个古人类个体遗骸，其中包括仍处于由猿向人转化阶段的海德堡人。而新石器时代的发现就更多，有236起。1856年在法国发现的林猿化石，则是最早发现的古猿化石。加上当时在非洲和亚洲的古人类学研究并未取得太大成果，因此人们理所当然地将欧洲视为人类的摇篮。

19世纪末，荷兰人尤琴尼·杜布哇在印尼的重大发现，首次对欧洲起源论发起了冲击。

医生的职业使年轻的杜布哇很容易地接受了“进化论”思想，加上当时德国的达尔文主义者海克尔的影响，这位年轻的荷兰医生对完善人类在从猿到人进化过程中的“缺环”抱有相当大的热诚，他坚信“人类祖先的化石”将在亚洲找到。

经过分析，他选定了印度尼西亚作为发掘地。他的想法在现在的人们看来相当直接：杜布哇认为，这块地处热带的荷兰殖民地，盛产人类的现生近亲猩猩和长臂猿，说不定能在这里找到早期人类化石遗骸。

说干就干，1887年，雄心勃勃的杜布哇来到了印尼的爪哇岛。他在当地一家医院工作，业余时则雇佣了50个犯人，沿梭罗河两岸进行搜索。谁也没有想到，这个门外汉不久就得到了接二连三的回报。

1890年的一天，他们在一个叫做凯登布鲁

19世纪讽刺达尔文的漫画：达尔文（Charles · Robert · Darwin，1809—1882年），英国博物学家，进化论奠基人。1859年出版《物种起源》，指出人类起源于古猿。

爪哇猿人头盖骨（模型）：北京周口店猿人遗址博物馆展品。

伯斯的地方发现了一块下颌骨残片。1891年，一个具有许多猿的性状的头盖骨在特里尼尔村被发现。1892年，杜布哇一行在距头盖骨不远处，又找到了一根与现代人相似的大腿骨，其形态表明大腿骨的主人已经能够两足直立行走。

在研究了这些材料后，杜布哇认为，先后发现的头盖骨和大腿骨实际上应该属于同一个体，它肯定就是现代人的祖先，也就是所寻找的人与猿之间的那一阶段！于是他在1894年发表了论文，将这些化石定名为直立猿人，俗称为“爪哇猿人”。

这一发现公布后立即引起了激烈的争论。

长期以来一直陶醉于“欧洲起源说”的人们坐不住了，如果承认了杜布哇的发现，岂不是就承认了人类是从南亚起源的吗？他们对杜布哇的发现表示了强烈的质疑——有人怀疑这些化石的地质时代有问题，有人认为杜布哇发现的只不过是一种大长臂猿而已，甚至还有人认为这些不过是现代人当中的畸形遗骨。

可惜的是，当时除了“爪哇猿人”外，在亚洲其他地区和非洲还没有找到过古人类遗址。在强大的“欧洲起源论”的呼声中，杜布哇发出的反对声实在是太微弱了，以至于这一发现一下子就被埋没了30多年！

好在时间总能吹开蒙在真理上的尘垢。随着20世纪以来一系列古人类化石的不断出土，“欧洲起源说”成为了神话，而“爪哇猿人”终于被作为世界上最早发现的直立人被载入史册。尽管学术界更倾向于相信古老的非洲大陆才是人类真正的发源地，但在破除狭隘视野，寻求真理的道路上，杜布哇和他的“爪哇猿人”永远是一次可敬的探索。

周口店主——“北京人”

北京西南约50公里处有一个普通的小镇，小镇的东南是一望无垠的华北大平原，西面和南面是一行连绵起伏的山，是为巍巍太行山的一部分。山上有一处馒头形的小山坡，当地的老百姓在山上经常发现动物化石，他们把这些来历不明的动物化石叫做“龙骨”，或许

“龙骨山”也正由此而得名。这里，就是著名的“北京人”的故乡。

北京人之被发现也是因“龙骨”而起。

20世纪初，一位德国科学家施洛塞尔教授从一包中国带去的“龙骨”中发现了一颗很像人的牙齿的化石，但是他也不敢贸然断定为人的牙齿。这颗牙齿却引起了另一位科学家的兴趣和注意，他就是瑞典地质学家安特生教授。

一个偶然的机会，安特生应北洋军政府之聘，来华任矿政顾问。这令他喜不自禁，终于有机会亲自到中国将“龙骨”探个究竟了！

在安特生来华的第7年，也就是1921年，奥地利青年学者师丹斯基也来到中国，准备与安特生合作研究中国的古动物化石。二人在当地热情的农民的帮助下，在龙骨山发现了两颗牙齿。安特生断定这是人的牙齿，人类的祖先埋在这里！

这两颗牙齿敲响了发掘龙骨山的紧锣密鼓。

1927年，由中外科学家和工人组成的野外发掘队开始了寻找“祖宗”的工作。经过两年的努力，他们成果斐然。至1929年，他们共获1000多箱化石，但遗憾的是，他们始终没有发现人的头骨。

北京猿人头骨模型：北京周口店遗址博物馆。

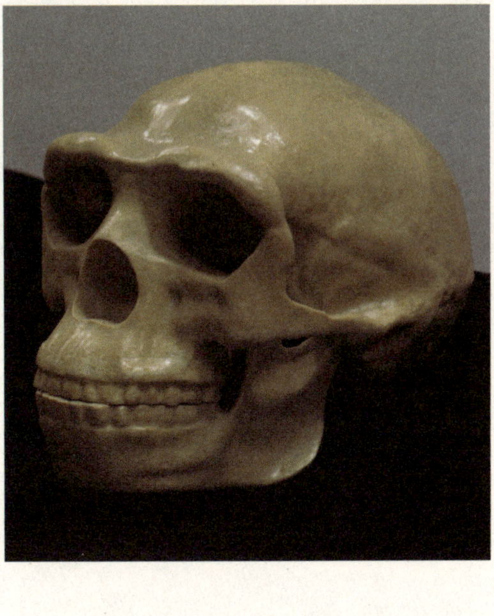

日子一天天过去，发掘队的人也因原定挖掘期限将至而相继离开龙骨山。重任交给了中国年轻的学者裴文中，他顶着巨大的压力，没有让这项挖掘工作半途而废。

1929年12月2日，裴文中永远也忘不了那一天。当在开挖地点的北部的一个洞穴里发现了被硬土掩埋半截的“北京人”的头盖骨时，他无法抑制喜悦的煎熬，连夜将头盖骨挖了出来。

北京周口店龙骨山发掘出距今60万年前的完整的猿人头盖骨的消息一经公布，立即如重磅炸弹轰动了整个世界学术界。此后经过科学家和考古学家的不断发掘，到目前为止，出土的人类化石包括6件头盖骨、15件下颌骨、157枚牙齿及大量骨骼碎块，代表约40个北京人

裴文中

裴文中(1904—1982年)，考古学家、古生物学家，中国旧石器考古学和第四纪哺乳动物学的奠基人，中国古人类学创始人之一。河北丰南人。1929年起主持并参与周口店的发掘和研究，为中国猿人第一个头盖骨的发现者，并确认石器、用火灰烬等的存在。他为中国旧石器时代考古学的发展作出了重大贡献。

个体。北京人的真实面貌最终呈现在我们面前。

根据发掘出的北京人遗址研究推断，北京人已经是“人”而非“猿”，他们是晚期直立人，生活在距今70万至20万年前。北京人虽然已经是人非猿，但他们的头盖骨还是保留了较多的原始性。

一般来说，现代人的脑量在1400毫升左右，北京人要比现代人少350毫升左右。他们有着高高的头骨，厚厚的头壁骨，发达的枕骨，低平的前额，粗壮的眉嵴，宽宽的鼻骨，吻部前伸，没有下颌，牙齿较大。

由头部看来，北京人具有明显的蒙古人种的特征，与现代人还有一定的差别。但是，北京人的肢体已经基本上具有了现代人的形状。这说明，北京猿人已经能进行与现代人相似的活动。

那么，处在70万至20万年前的我们的祖先究竟是怎样生活的呢？从文化遗物看，石制品、骨角器和用火的遗迹是其中的主要部分。北京人使用的石器形体较小，品种繁多，砍砸器、刮削器、雕刻器、尖状器、石锤、石锥等都在发现之列，这说明北京人还处在旧石器时代。值得一提的是，在北京人居住过的洞穴里发现厚度达4—6米、色彩鲜艳的灰烬。北京人用火遗迹的发现，说明他们不仅懂得用火，还懂得如何保存火种，这是人类由动物界跨入文明世界的重要标志，这个发现同时也将人类用火历史大大地提早了。

作为晚期直立人，北京人为人类从古猿到智人的进化链上了关键的一环，这一发现在生物界、历史学和人类发展史上都有极其重要的价值。北京人遗址的发现基本明确了人类进化的序列，为“从猿到人”的伟大学说提供了有力的证据。

直到现在，北京周口店遗址依然以其丰富系统的古人类遗址在世界同期人类遗址中位居首位，北京人为整个世界对人类的研究提供了无可替代的宝贵财富。

法兰西的考古荣耀
——克鲁马农人

如果尼安德特人没有在竞争中败下阵来，也许今天的世界小姐脸上就会长着一个硕大的长鼻子，低矮的颅骨上扣着闪亮的桂冠，随着她的微笑，巨大的牙齿在镁光灯下熠熠生辉！幸运的是，这种令人难以接受的情景并没有真的发生，我们的直系祖先最终在大约3万年前赢得了生存权。

这些漂亮的祖先们身材比尼安德特人高大，同时又不像尼安德特人那样过于壮硕。他们的颅骨较薄较高，颌骨不太突出，前额几乎垂直。由于他们的踪迹最先在法国一个小村庄旁的克鲁马农岩洞中被发现，因而被称为克鲁马农人。

克鲁马农人是出现于大约10万年前的晚期智人，他们已经比作为早期智人的尼安德特人先进了许多。他们创造了非凡的艺术成就，在打磨之后的穴居岩壁上，用黑色、红色的天然颜料或泥土在上面精心绘制出各类动物，如马、野牛、犀牛以及他们最爱捕食的驯鹿等。克鲁马农人想通过这种方式祈求上天赐予更多的猎物和果实，或者在与其他部落的战斗中获胜。这些作品具有惊人的绘画技巧，准确动人，从而确定了文化在人类进化进程中日益重大的作用。

那么，他们是怎样取得生存优势的呢？

大约18000年以前，地球上最后一个冰川期达到了顶峰，几乎三分之一的陆地都被厚厚的冰层所覆盖。由于这些水原本都是来自海洋的，所以那时的海平面比现在要低120多米。因此，现在的白令海峡在当时并不存在，一片约1600公里宽的陆桥代替了它的位置，各个大陆之间的物种通过这个天然通道互相来往。克鲁马农人就这样随着迁徙的浪潮越过了白令海峡，然后，从阿拉斯加往南一直扩展到了南美洲最南端的火地岛，成为后来的印第安人的祖先。至此，人类遍布了全世界，占领了除南极大陆之外的所有陆地，最南到达火地岛，最北出没于北冰洋沿岸的广大地区。

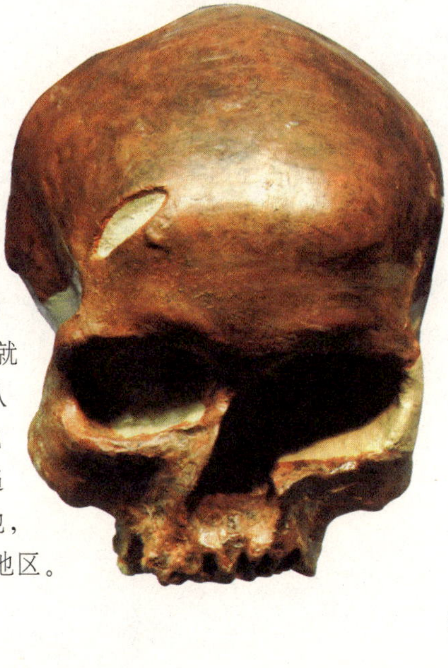

克鲁马农人头骨化石（复制品）：湖北省博物馆。

在严寒的冰川期，凭借制作精良的工具，克鲁马农人成功地经受住了考验。他们使用木制的冲压器，将工具变得锐利；用骨头或象牙制成鱼钩、投枪头和鱼叉头。他们制造出了一种锋利的尖头雕刻器，用于雕刻或磨尖木头、骨头或燧石。此外，为了捕猎巨大的猛犸象和乳齿象、长毛犀牛等猛兽及其他动物，他们发明了弓箭，还学会了如何用兽皮制作衣服和帐篷。

就这样，经过数万年的漫长进化和竞争，克鲁马农人终于甩掉了众多竞争对手，成功地把自己的遗传基因传递了下去。

智人陷阱——山顶洞人觅踪

在距今大约18000年前，生活着一群远古的人类。这些人有着与现代人极为相像的面部特征：高起的前额，突出的下颌，低宽的鼻骨，后退的口缘，较小的牙齿，略高的齿冠……更为神奇的是，他们的脑壳很薄，脑腔发达，脑量已经达到现代人的水平。

这些神秘的人究竟是谁呢？

他们就是继著名的北京人在北京周口店龙骨山被发现之后，于1930年在龙骨山的山顶洞穴中又发现的山顶洞人。

1933—1934年，中国地质调查新生代研究室的裴文中带领发掘队，对山顶洞人进行了发掘。

站在洞口，发掘队犹豫了：一镢头下去，山顶洞人住所的大门可能便将永不复存在，但是，如果不这样的话，又违背了来挖掘时的初衷。最终，发掘队还是决定从这个4米多高的洞口动手发掘。

沿着洞口一直挖下去，可以很清楚地看到这个遗址4个排列分明的部分：洞口、上室、下室和下窨。如果洞口相当于家门的话，上室则是山顶洞人开门可见的居室。按理说下室应该作为仓库，然而，它却是山顶洞人死后的葬地。那么，处于最底部的下窨又是作何用呢？

从发现的情况来看，在前3个部分都发现了人的化石和文化遗物，可下窨中没有。然而，这里却有许多脊椎动物化石，这些化石从未经过扰动，保存得相当完整。有人推断，这里原来是个天然的“陷阱”，在山顶洞人在此落脚居住之前，这些动物偶然落入了这个陷阱而从此没有能够再见天日。

山顶洞人遗址掘出的化石和遗物数量不多，但都弥足珍贵。所有化石是来自8个不同男女个体，中国古人类学者对山顶洞人的3具头骨化石研究后发现，山顶洞人无论从面测指数和形态方面都接近于现代的或化石的蒙古人种的特征，与北京猿人相比，山顶洞人的形态体貌向现代人方向迈出了一大步，难怪被称为“晚期智人”！

这些脑量已经接近现代人的山顶洞人确实不负他们“晚期智人”的称号。他们能够运用磨光技术和钻孔技术制造出精美的骨器、角制器和大量的装饰品。其中很具有代表性的要数一枚骨针了。这枚骨针的制作水平令人赞叹不已。它长约82毫米，略粗于火柴棒。针身微弯，浑圆光滑，针尖如芒，针眼分明。可以看出，针孔是用尖利的器具挖成的。

骨针的发现，意义非同小可。它给远古人类衣不蔽体的原始生活永远地画上了句号。不仅如此，缝缀起来的兽皮还可以搭盖住所，这又为山顶洞人的定居生活创造了条件。

令人难以置信的是，18000年前的山顶洞人竟然有了审美观念！这不能不说是人类文明的一大进步。

在发现的遗物中有许多漂亮的项链，它们是用绳子把磨光钻孔之后的色彩各异的石珠、砾石、兽牙、鱼骨和海蚬壳串起来制成的。绳子和装饰品的小孔中还被染了色。这种染料，是山顶洞人将发现的一种红色石块即赤铁矿，用石器刮磨成粉末制成的。用这种办法制成的项链，虽不能与今日之各色项链相比，却也是很美的了。红色的绳子，串连着洁白的石珠、兽牙和淡绿色的砾石，佩戴在胸前或手腕上，就是在今天也是别有情趣。

另外还有很多钻孔石坠，用卵圆形小砾石制成，砾石扁平，一面经人工磨平，另一面是天然的水磨面。石坠的孔是对钻的，穿孔处微作红色，另有一番风味。

山顶洞人头骨化石：北京周口店龙骨山出土。北京自然博物馆藏。

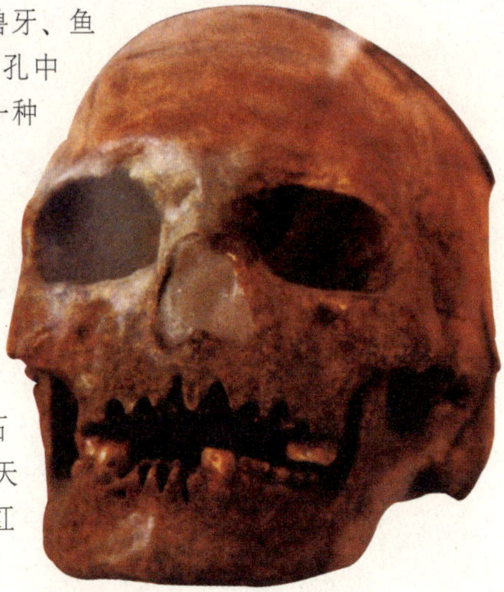

然而，如此珍贵的人类遗产却在1941年的战乱中遗失殆尽。这个世界文明的遗憾一直持续了62年，直到2003年6月同是在周口店附近的田园洞中发现了与山顶洞人同期的化石，人们才有些许的安慰。

这次发现的同样是山顶洞人时期的晚期智人化石，因而可以弥补以前遗失化石的空白。考古学家同时发现了大量鹿和豪猪的化石，这些发现对研究该地区的哺乳动物演替及古环境变迁，具有重要意义。

日前，发掘仍在进行之中，全部遗址并未被全部揭露。但我们坚信，随着发掘的深入，山顶洞人将给我们带来更大的惊喜！

神秘的外来者
——吉野里的弥生人

1884年3月1日，考古学家有阪鉊藏与几位同行在东京弥生町的向岗贝冢偶然发现了一件颈口已经缺损的球形陶壶，并以其出土地点命名为“弥生式粗陶”。

在以后的数十年里，人们一直以为它只是“绳纹粗陶”的新类型，划归处于狩猎采集阶段的绳纹文化时期。

但是，一位名叫森本六尔的业余考古学家经过研究后认为：“弥生粗陶”代表着一个截然不同的文化，是更为先进的农耕文化的产物！

就这样，出现于公元前300年左右，持续近600年的“弥生文化”终于浮出水面。

20世纪80年代在吉野里的重大考古发现，为人们提供了一个生动的弥生文化“历史密封仓”。

吉野里原本只是九州佐贺平原东部一片不为人知的丘陵地，东西边都是水田低地。在一次例行的文物调查中，考古学家意外地发现，这里居然是一处2500年前“弥生文化”遗址群落。

有人推测，吉野里可能就是公元前270—250年，魏使出访过的一个叫做“邪马台”的国家。据《魏志·倭人传》记载，邪马台国力强盛，人口“可七万余户”，统辖的范围内还有21国。女巫卑弥呼被拥立为女王，并于239年向魏国派遣使节，明帝赐她“亲魏倭王”的称号。

持续3年的发掘表明，遗址规模远比想象中宏大。群落的外围有深3米、宽6米的V字形壕沟。木栅栏围绕的遗址内，散建有不少半在地下的茅屋以及高出地面的谷仓，几十座数米高的望楼把持入口，古朴中透着一股威严。巨大的龟形坟丘俯瞰着双重环沟围绕着的宫城，令人叹为观止。

人们在坡上建屋，坡下用田埂围起稻田，过着一派江南式的日出而作、日落而息的生活。同绳纹时期统一的半地穴式小棚屋不同，除了这种竖穴式小屋，一些干栏式建筑住宅拔地而起。从陶片、铜铎的绘图来看，这种“屋室”类似中国云南一带的竹楼，说明此时弥生人社会已经出现了社会分化。

弥生人的陶器制作十分精美，具有完美的弧线，这表明他们学会了使用陶轮制陶。弥生陶器大致可以分为钵形器、瓮形器、壶形器和高脚杯式陶器等几种。钵用于盛物，瓮用以煮炊，壶用来储藏稻谷，饰有人物、禽兽、房屋等花纹，高杯盛装的食物用作贡献神灵，体现了弥生人从农耕中萌发了原始宗教信仰。

在吉野里还发现了排列密集而有序的2000多口瓮棺。尸体被装入泥瓮中埋葬，大多数骨骼上都有明显的伤痕，部分尸体更是连头都没有，可见，身处战国时代的吉野里也没能逃过血腥的战争。

随着研究的深入，有越来越多的证据表明，弥生文化并不是绳纹文化的延续，它似乎是突然出现的。

首先，通过对弥生人遗骸的分析，学者们发现他们并不是原住民。弥生人身材要比绳纹人高大，他们的头骨也比绳纹人要长，具有明显的蒙古人种特征。

其次，从生活方式来看，绳纹人不懂得进行农业生产。而弥生人似乎一开始就掌握了农耕技术，在弥生粗陶上，经常能发现稻谷的压痕和碳化谷粒。

再次，人类社会的发展通常都是由石器时代进入青铜时代，然后才是铁器时代。而在吉野里，弥生人仿佛一下就从石器时代跳到了铁器时代。

唯一可能的解释就是——弥生文化是外来文化的产物。

陶俑：神秘的倭奴女王卑弥呼。卑弥呼，日本弥生时代后期邪马台国女王，被共推为倭王，曹魏封其为“亲魏倭王”，并授金印。

绳纹后期土面：土面是土偶的面部。日本东京国立博物馆藏。土偶是日本绳纹时期用于礼仪或祭祀的人形雕像，早期为石雕，中晚期为陶俑。

有人认为，吉野里可能是东渡寻药的徐福在九州建立的一个王国。遗址离传说中的徐福登陆地只有7公里，而佐贺平原又是日本最早种植水稻的地方，与徐福东渡的时间吻合。

还有人认为，弥生人是逃避战乱的吴越人的后裔。越灭吴，楚灭越，秦灭楚，造成江南人口迁徙。拥有大型海船的吴越人由海路出逃，携带稻种及农耕技术抵达日本的可能性很大。九州古文化与中国的吴越文化相近，都有断发、文身的习俗，稻米等许多词语发音相似，这些也是不争的事实。

在九州部落首领的瓮棺墓中，传说中天照大神赐予的三样宝物：铜镜、青铜武器和玉类往往配套用作随葬品，这种情形并不是巧合。尽管许多此类物品最初都来自中国，但仅仅两个世纪之后，弥生人就制造出了富有自身特色的仪仗用武器，他们的学习能力不可谓不惊人。大神给了创业的工具，能否好好加以利用却要靠自己，大概这才是日本先民们透过看似荒诞的神话传说，想要表达的真正含义。

第三章　文明溯源

文明溯源

科潘谷地
——玛雅文明的历史见证

在19世纪的欧洲人眼里，中美洲的热带雨林绝对是个危险而又糟糕透顶的地方——闷热潮湿的丛林遮天蔽日，沼泽中散发着一股发霉的臭气，不断有传播疟疾的蚊群黑压压地袭来，丛林深处时不时传来令人毛骨悚然的声音。

但是在1839年的一天，洪都拉斯西部密林中出现了两名旅行者。

在当地向导带领下，他们顽强地突破着大自然设置的一道道封锁，即使被荆棘割得皮开肉绽，浑身沾满泥浆和血迹。

年长的旅行者是英国人，名叫佛雷德里克·加瑟伍德。加瑟伍德是一位绘图员，有丰富的旅行经验，曾经在埃及替考古队作废墟的素描和绘画记录。绘图工作在摄影技术应用于考古以前是相当重要的组成部分。年纪稍轻的那位叫约翰·劳埃德·斯蒂芬斯，1805年11月出生于美国新泽西州。他曾经做过8年律师，但最终放弃了这一本行，跑到近东从事自己更感兴趣的考古漫游。加瑟伍德和斯蒂芬斯相识于1832年，对古文化的共同爱好使两人一见如故，很快成为至交好友。

他们为什么会来到这里？在丛林深处到底有什么如此强烈地吸引着他们？

事情要从斯蒂芬斯偶然得到的一篇有关中美洲的文件说起。

这是一位叫做加林多的上校写于1836年的军事报告，内容是其主管区内土著居民的服兵役情况。要说这份枯燥乏味的报告有什么特别之处，那就是加林多在报告中提到，他在尤卡坦和中美洲曾经看到过一些很奇怪的古建筑遗址。

这短短几段话，勾起了斯蒂芬斯极大的兴趣。

斯蒂芬斯：约翰·劳埃德·斯蒂芬斯（John Lloyd Stephens），19世纪美国探险家，被誉为玛雅的“发现者”。

在此之前，和绝大多数人一样，斯蒂芬斯的注意力都被近东地区丰富的文物遗存所吸引。虽然人们早就知道在墨西哥南部、尤卡坦半岛、危地马拉和洪都拉斯存在着大量的废墟，但却很少有人愿意深入危险的丛林，去对这些古遗存进行真正的了解。

为了进一步查证，他查阅了危地马拉历史学家胡阿罗的作品，胡阿罗在书中记录了生活在100多年前的一名证人的话，他说当时洪都拉斯的科潘谷地附近有一个完整的古建筑群。

“没错，就是这里！”

斯蒂芬斯兴奋不已，他开始和加瑟伍德积极筹划一次中美洲之旅，决心要找到这座湮没于丛林中的城市。

在令人厌恶的丛林中跋涉了许久，斯蒂芬斯和加瑟伍德几乎都要失去信心。疲惫不堪的他们压根就没有指望过会产生什么奇迹，然而，奇迹在这时却出现了。

一堵严丝合缝的高大石墙预告了一片壮观的古城市遗迹的存在。

沿着杂草丛生的宽大石阶，斯蒂芬斯和加瑟伍德爬上不远处的一处被树木覆盖的高台。残破的石阶有不少已经被树根掀翻，从阴暗的树荫一直延伸到光亮的平台。顶部上原来是一座庙宇，墙体已全部倒塌，被无花果的盘根所覆盖。残留的石碑和雕花的石柱上面的图案和装饰，体现出一种充满怪诞和残忍的优美风格。

从平台上向四周望去，他们发现整个城市几乎都被浓密的热带雨林吞噬了，已经很难辨认出它的形状。

这么宏伟的建筑只有强大的民族才能完成，那么它究竟是什么人的杰作？这些伟大的建造者们后来又为什么抛弃了这里呢？他们到哪里去了呢？是灭亡了吗？遍布于中美洲丛林中的其他建筑也和这个神秘的民族有关吗？

太多的疑问让斯蒂芬斯觉得头晕目眩。他只能无奈地感慨道：“那是一座荒废的城市……它像海上的一只破船，桅杆漂走了，船名冲掉了，船员死光了。谁也说不清它来自何方，船主是谁，怎样遇难的。想了解当年船上死难人员的情况，只能从船身的类似结构运用想象去寻踪觅迹，但恐怕是再也无从查找了。”

燧石饰物：洪都拉斯玛雅遗址科潘出土，可能代表神圣或神秘的力量。

玛雅文明

美洲古代印第安人文明，以印第安玛雅人而得名。主要分布在今墨西哥南部、危地马拉、巴西、伯利兹以及洪都拉斯和萨尔瓦多西部地区。玛雅文明约形成于公元前2500年，在天文学、数学、农业、艺术、文字等方面有很大成就。16世纪在西班牙征服下衰亡。

两位可敬的探索者并不知道，他们的发现不仅印证了丛林与奇迹的神话，更唤醒了一个失落的古文明。从科潘开始，随着一系列丛林城市的相继发现，学者们开始逐渐意识到，这些文明点之间是存在某种联系的，这就是说，中美洲并不是人们从前想象中等待开化的蛮荒之地，早在几千年之前，它已经就孕育出了一个辉煌的本土文明，这就是著名的“玛雅文明”。

19世纪90年代以来的考古表明，科潘是玛雅文明古典时期的重要代表。在拉乌齐·依米克斯王统治时期（628—695年），科潘成为中美洲规模最大、势力最强的城市。820年，科潘开始衰落，直到822年2月10日被征服。

悲哀的是，玛雅文明并没有能够延续下来。先人们所创造的奇迹湮没在丛林中，他们的子孙却并不珍视。当年斯蒂芬斯为了更方便地在科潘进行考古发掘，向所有者收购了这片土地。收购的价格在今天听来简直是匪夷所思，就是这样一座玛雅先人为之骄傲的城市，最终成交价仅为50美元。

仰韶文化——母系氏族社会的经典之作

中国曾有一段“民知其母，不知其父”的历史，那时候“没有军队、宪兵和警察，没有贵族、国王、总督、地方官和法官，没有监狱，没有诉讼，而一切都是有条有理的……一切问题，都由当事人自己解决，在大多数情况下，历来的习俗就把一切调整好了。不会有贫穷困苦的人，因为共产制的家庭经济和氏族都知道它们对于老年人、病人和战争残疾者所负的义务”。

这就是母系氏族公社，它的典型代表就是仰韶文化。虽然按照考古学的惯例，仰韶文化因首先发现于河南省渑池县仰韶村而得名，但仰韶文化决不仅限于此。它实际上是以黄河中游为中心，北到长城沿线及河套地区，南达湖北的西北部，西到甘肃、青海接壤地带，东至河南东部，遗址有1000多处。

说到仰韶文化，有一个人是非提不可的，那就是瑞典的地质学家、考古学家安特生。

1914年，安特生来到中国，在农商部任矿政顾问。由于工作的需要，安特生的足迹几乎遍布北方各地。不知不觉中，安特生的兴趣开始转向考古学。

1918年10月，安特生通过家住在河南渑池县仰韶村的王某得知那里出土古生物化石。两年后，他派助手刘长生去仰韶村采集化石。刘长生带了600余件石器，回到北京地质调查所。安特生看完石器，欣喜万分，决定亲自到仰韶村走一趟。

半坡先民使用的骨刀和骨匕：陕西西安半坡遗址出土，西安半坡博物馆藏。

1921年，在获得中国政府批准的情况下，仰韶村的发掘在安特生的支持下正式开始了。这是中国第一次以学术研究为目的的正式发掘，安特生也被中国考古界誉为“对中国新石器时代考古学的建立和中国近代田野考古学的发展，有开创之功”。

后来，仰韶文化在其他地区陆续被发现的喜讯频传。通过各地的发现，考古学家总结得出：仰韶文化前后延续了近2000年，见证了母系氏族社会由繁荣直至衰落的漫长过程。

仰韶文化虽然以其五彩斑斓的彩陶和形式各样的石器名闻遐迩，但最能反映仰韶文化社会形态的主要是婚姻、聚落布局和埋葬制度。

早期的仰韶文化处于母系氏族社会的繁荣时期，当时的婚姻和家庭与现在大相径庭。一个氏族的男子不能和同氏族的女子结婚，而只能和另一个氏族的女子结婚，男女双方所生子女留在母方氏族内。这就好比同姓不能通婚一样，似乎有些令人费解，但这的确是母系氏族公社时期的一大特色。男子也是“远嫁”到女方，代表着权威的母亲是血缘的纽带和家族延续的主线。在一个大家庭中，最常见的是大家共住一座大的房屋，大屋也分为几个小间，每间小屋提供一对配偶居住，老年人和儿童是不与一对配偶同居一室的。

在葬制上，仰韶文化更加明显地反映了母系氏族的特征。在所有的埋葬方式上，绝没有父子合葬，这在今天看来似乎很不可思议。但在当时由于不同氏族的人不能葬在一起，所以同姓合葬的人不是兄弟就是姐妹。

然而，到仰韶文化中晚期，随着生产力的发展，农业发展到锄耕农业阶段，渔猎和采集为主的生产方式逐渐退居次要地位。以母系血缘为纽带的氏族社会关系逐渐松动。相反，家庭和社会中的男子地位不断提高。父系制日渐取代母系制而成为社会的形态。这时候子女可以正大光明地跟父母住在一起，单间房屋因不能适应时势变化而被淘汰，分间和套间成为普遍受欢迎的居住方式。与此同时，母系氏族公社时期以氏族为单位的同坑合葬也渐渐销声匿迹。

从上面可以看出，仰韶文化反映了母系氏族社会的典型特征，见证了母系氏族社会的繁荣发展直至没落。它的发掘也揭开了我国原始社会考古研究的第一页，填补了中国远古文化发展史上的空白，而中华民族5000年的文明史也在仰韶文化遗址中找到了源头。不仅如此，仰韶文化还有力地证明了我国不仅存在非常发达且富有自己特色的新石器文化，是世界新石器时代文化的重要组成部分，同时也使那些认为中国没有自己的史前文化、中国文化乃至人种都是从西方传播过来的理论不攻自破！

仰韶文化遗址发现之后，我国的田野考古发掘逐渐发展起来，并且从新石器时代的研究扩展到旧石器时代、青铜时代和铁器时代，而中国考古学体系也逐步建立了起来。

龙山文化
——父权制的历史写真

1928年暑假，炎炎烈日炙烤着山东大地。在章丘县的龙山镇和平陵之间的公路上疾驰着一辆公共汽车。车上的一位乘客格外引人注目，他时而远眺窗外，时而低头沉思，紧锁的眉宇间流露出博学与大气。他就是著名的考古学家吴金鼎先生。此时他正在章丘县调查汉代山东平陵故城。

因工作关系，他经常坐公共汽车往返于龙山镇和平陵之间，中途路过一处叫做城子崖的高地。由于多次往返，城子崖的断崖上暴露出来的灰土和陶片引起了他的注意，强烈的职业感驱使他专门来到城子崖进行调查。果然不出所料，在发现两枚骨锥之后，他又在城子崖下层遗址中发现一种非瓷非釉、光洁美丽的黑色陶片。自此，代表父权制的龙山文化终于站出来填补了中国考古史上的又一空白。

继吴金鼎先生在城子崖发现龙山文化之后，1930年至1931年，考古学家在城子崖进行了两次大规模的发掘，除了发现完全不同于西北彩陶文化的黑陶文化外，还发现了龙山文化时代的“城”，这一惊人的发现立即掀起轩然大波！

龙山时代真的有城了吗？若这一发现属实，那么根据现在考古学家已普遍将古城与文明的起源联系在一起的观点，龙山文化毫无疑问是中国文明的又一发源地。

没有充分的证据，谁也不敢断言。这一悬疑一直到20世纪80年代才有了明确的答案。从后来发现的山东寿光边线王龙山文化遗址、河南登封王城岗古城、淮阳平粮台古城以及郾城郝家台龙山文化古城、山东邹平县丁公古城、河南辉县孟庄城、河南安阳后冈龙山城、山东阳谷县景阳冈相连的八座龙山城等证实，城子崖龙山城址确实是当时一座具有一定发展水平的城市。

龙山文化酒器——黑陶罍：山东临朐县西朱封遗址出土。罍是古代一种盛酒容器，此器细泥黑陶，外表打磨光滑，乌黑发亮，制作精美。一般多出土在规格较高的墓葬中。

既然确定为城，那么当时的城与现在的城市又有什么异同呢？可以这样说，虽然同为城市，但是龙山时代城市的建筑与布局与现代我们司空见惯的城市却是异若霄壤。当时的城址的面积各不相同，大的40余万平方米，小的不足10万平方米，有大、中、小等级上的差异，这种差异可能与社会经济实力的强弱有关。以城子崖发现的城为例，可以一睹龙山时代城的面貌。

城址平面略呈方形，城的四面筑有城垣。大多数的城有现在周长为400米的体育场的四五个大。墙基宽10米左右，现在残存的只有3米。城墙大部分挖有基槽，并经过多次修补。从在城里发现的大量使用过的生活器具来看，此城居民大约有5000人，而且他们在此定居生活了很久。城内房屋也较仰韶文化时期要小，说明当时已经不再是大家庭共住，而是逐渐转变为小家庭。在这里居住的人除了农业生产者外，还有家庭手工业者、巫医、统治者等。

当龙山时代的城被确认之后，业内人士都深为震撼。为什么大家对龙山时代发现的城反应如此强烈呢？因为它链上了历史的重要一环，见证了社会迈出母系氏族社会的大门而进入到父权制社会之中的重要一步。当人类社会生产力发展到一定程度后，剩余产品出现，交换自然随之产生，于是出现贫富分化在所难免，部落间为争夺财富和扩张领土展开了频繁而又激烈的战争。而城就是当时战争的伴随者，也是战争的产物，更是原始社会行将进入文明社会的一个重要标志。

除了城，此时期龙山文化的其他许多方面也都是父权制社会的见证者。当时的农业和畜牧业较仰韶文化有了更大的发展，男子在生产生活中的优势进一步显现出来。冶铜业开始出现，黑陶制作技术已接近炉火纯青。这些工作，包括上面提到的战争都需要男子发挥主力作用。

不仅如此，这个时期，男子终于可以娶妻，而不再“远嫁”他乡。一夫一妻制逐步确立，单个家庭也成为社会的基本单位。同时，龙山时代的墓葬也进一步印证了父权制的社会形态。虽然在许多龙山文化遗址中都发现过墓葬，但都比较零星。这是由于这个时期氏族血缘纽带已经松弛，同族人死后不集中埋在一起，故很少发现分布集中和排列有序的墓葬群。值得注意的是，在墓葬中也发现了贫富分化的葬制，这是私有制已经产生、阶级业已出现的一个例证。

与传说中大禹治水、禅让制处于同一时代的龙山文化虽然不像前两者那样家喻户晓，但在考古界它与仰韶文化一起同为中国早期文化的考古学两翼。它开创了父权制的先河，不仅填补了我国早期城市发展关键环节的空白，也为研究我国东部早期文明提供了重要的资料。更为重要的是，夏王朝建立之前的“万国林立”的酋邦时代也在龙山文化中找到了佐证。

河姆渡文化
——农耕文明的源头活水

考古发掘工作很具有挑战性，但同时又以独有的魅力吸引着人们，因为你总是很难预料又会发现什么，会有什么惊喜。河姆渡遗址的发掘就充分说明了这一点。

1973年夏天，河姆渡村的村民在村北的姚江边建设排涝站，当挖至地下1米深时，有人发现了一些不寻常的石头，这些石头好像被加工过！这些石头马上被送往浙江省文物管理局的考古人员手中。

挖掘小组当即成立，火速赶往余姚村。当挖掘刚刚开始时，一些木头就显露出来。这可不是一般的木头，据专家判断，这些木头围成的形状像一口水井，很有可能这里是古人类居住的村落。

挖掘工作在继续。当挖至距离地面2米深时，考古人员发现了11座墓坑和3个灰坑，还有大量的石器和陶片。这令他们兴奋不已。一个巨大的秘密即将被揭开！

考古人员继续往下挖，又有一批陶器被挖出来，专家断定这是6000年前新石器时代的陶器。难道6000年前这里也生活着人类？如果答案肯定的话，中华文明发源于黄河流域的论断岂不是要受到挑战？

在证据不够充足以前，没有人敢武断地下结论。发掘仍在深入，考古工作者也就不断有新的发现。令人叹为观止的事情发生了！

当考古人员挖掘到距地面3米深的地方时，在黑褐色的土层中闪出一些金黄的小颗粒，但眨眼间这些黄色的小颗粒就变成泥土的颜色。考古人员简直无法相信自己的眼睛：这些东西竟然是碳化了的稻谷！在与空气接触以前，它们还保持着原来黄灿灿的颜色，谷粒饱满，芒刺坚挺，谷壳上隆脉清晰。稻谷虽已碳化，但稻壳上的稃毛仍排列整齐，分明可辨。稻谷和谷壳稻秆等的堆成20—50厘米高，最厚处超过了1米。

稻谷和稻叶：新石器时代河姆渡文化，浙江余姚河姆渡遗址出土，浙江省博物馆。

经鉴定，河姆渡遗址出土的稻谷大部分属于人工栽培的籼稻，这一发现震惊了考古学界！它不仅纠正了我国新石器时代考古史上“有粳无籼”的说法，而且把我国种植水稻的历史向前推进了2000年，并首次证明了我国也是世界上最早人工栽培水稻的国家之一。

那么，当时居住在这里的人类是如何种植水稻的呢？原来，6000年前居住在这里的古人类使用骨制生产工具种植稻谷，这就是古耜，它是由水牛等大型哺乳动物的肩胛骨制成的。骨耜是用来翻耕及平整土地的生产工具，类似于现代的犁。其他的生产工具还有骨镰、木杵、长方形双孔石刀等。河姆渡人已经具有了一套从翻土到收割的农业工具，甚为齐全。大量骨耜的出土向人们说明这样一个事实：6000多年前的河姆渡人已经脱离了刀耕火种的耕作方法，进入耜耕农业阶段。

不光有如此先进的耕种工具，河姆渡人储藏粮食也有自己的一套。那么，河姆渡人是怎么做的呢？原来那些发掘出来的深腹、大容量的陶罐和陶盆就是明确的答案。而陶釜底部残留的锅巴也向我们展示了先民们的生活方式和习惯，同时更进一步证明了稻作文明的真实性。

尽管河姆渡人已经种植水稻，但因为当时生产力毕竟还是很落后，再加上时常发生的各种自然灾害，当时的稻谷产量还不能满足人们的日常需求，因此仍需要饲养家畜，并辅以采集和渔猎。家畜饲养业与农业定居生活依存紧密，猪狗两种家畜遗骨在河姆渡遗址中分布普遍。

河姆渡文化遗址的发现，使长江下游地区史前考古学跨上了一个新的台阶，改变了过去人们的认识，以无可辩驳的事实纠正了以往认为江南史前文化发展较晚的观点，同时说明长江流域同样存在灿烂的古老的新石器时代的文化。河姆渡先民不仅创造了中华的文明，也挥写了世界文明史的光辉篇章。

更为令人欣喜的是，原来长江流域同黄河流域一样存在极为发达的农耕文明！这使得以前那种认为农耕文明发源于黄河流域的一元论不攻自破。黄河、长江同样是中华民族农耕文明的摇篮，灿烂而悠久的中华民族文化是由黄河流域、长江流域等古代先民共同创造的！

而我们，也是名副其实的“南炎北黄”的炎黄子孙！

受伤的野牛
——欧洲史前岩洞壁画

在油灯闪烁的微光中，13岁的女孩玛丽亚好奇地瞪大眼睛凝视着岩洞顶部。岩洞并不高，隐约可见黑色的线条蜿蜒在古老的岩壁上。

线条准确而流畅地勾勒出一头巨大野牛的轮廓，鲜艳的赭红色赋予它原始的活力。在野牛的周围还有一大片类似的色彩和线条在岩壁上蔓延开来。

她不禁大叫起来：“看！爸爸，牛！”

玛丽亚的父亲唐·马塞利翁·森兹·德·索图拉是一名西班牙工程师和业余考古学家。在女儿的带领下，他半信半疑地钻进了这个以前曾经考察过的低矮洞穴，当视线移向洞穴顶部时，他不禁愣住了。

作为史前人类活动遗迹的阿尔塔米拉洞穴位于西班牙北部桑塔德地区，尽管它早在1869年就被发现了，但研究者们都只顾着趴在地面搜寻史前人类的蛛丝马迹，谁也没有想到抬头看一眼，以致如此壮观的岩洞壁画竟然就在人们的眼皮底下被埋没了10年！

这片绘画作品位于洞口向里约1.1米处的一块顶部岩石上。岩顶显然经过人工修整，长约18米，宽约9米。画面的中心是24头野牛像，周围还有诸如马、狼、野猪以及雌鹿的画像，呈红、黄和黑色，看上去像是刚刚画的一样鲜艳。玛丽亚发现的作品描绘的是一头受伤的野牛，由于伤势沉重，已经倒在地下，它在愤怒的挣扎中仍然目视前方，似乎用它的双角抵御着继续投来的标枪。野牛的野性和威力被艺术家们表现得十分逼真。

这头野牛显然是先勾线后涂色的，色彩以赭红与黑为主，还带有黄和紫。在绘制前，这些天然矿物颜料大概用动物的脂肪和

野牛：西班牙阿尔塔米拉洞穴壁画，石灰石上色。

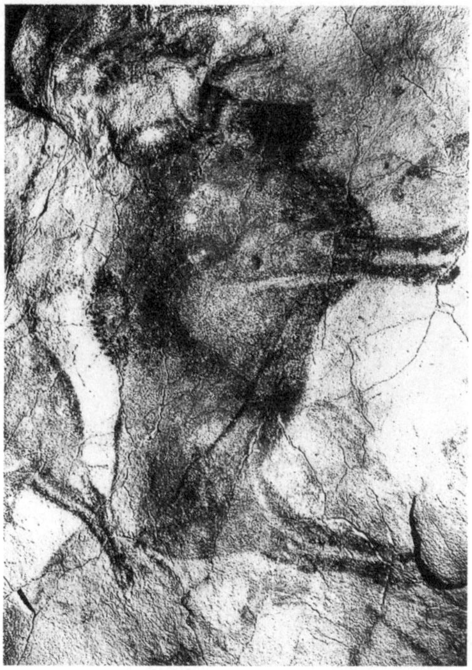

血调和过。当时所用的“画笔”可能是苔藓类植物，或者是兽毛。史前画家们在画法技巧上已经突破了简单的轮廓，懂得利用色彩的变化表现出层次和深浅，使作品充满立体感。

根据已经发表的考古资料，索图拉判定，这有可能是一处旧石器时代的狩猎民族的居住地遗址。这些岩画作品应该属于旧石器时代的晚期，即马格德林文化期中期的作品。

但是让索图拉没有想到的是，这一重大发现给他带来的却是难以忍受的怀疑与诽谤。

正是由于阿尔塔米拉岩画太生动、太美，学术界拒绝相信远古时期的人类具有这样高的处理复杂的构图和刻画形象的艺术能力。有人认为它至多是古罗马时代的过路的士兵随便涂上去的；还有人反诬索图拉，说阿尔塔米拉岩画是他为了沽名钓誉而雇用了马德里画家伪造的。

具有讽刺意味的是，在此之前，在法国西南部的夏博洞的岩壁上发现的雕刻，由于已难以辨认，被否定了作为旧石器时代晚期洞壁艺术证据的资格。正如英国考古学家保罗·巴恩评价的那样：“夏博洞内的雕刻图案过于质朴产生不了影响，而阿尔塔米拉洞内的画太壮观使人不敢相信。”

在其后的岁月中，索图拉坚持不懈地和怀疑和诽谤据理力争，当他于1888年6月2日去世时，阿尔塔米拉洞内壁画仍然被作为一个骗局而得不到承认。

随着在法国和意大利类似发现的逐渐积累，人们终于意识到他们可能犯了一个错误。1895年和1901年对阿尔塔米拉岩洞的考古有了新发现，碳十四测定表明这些壁画已经度过了17000年的漫长岁月。在确凿的事实面前，1902年，反方的代表——当时权威的史前历史学家E·卡塔雅克不得不承认自己的局限，并对索图拉致以敬意。

关于史前人类在黑暗的岩壁上作画的原因，学者们众说纷纭。

通过观察澳大利亚土著人的行为，宗教历史学家萨洛蒙·雷纳克于1903年提出“狩猎—魔法”理论。他认为在旧石器时代晚期的人们看来，绘出猎物的形象具有某种魔力，这能保证在现实狩猎中取得成功。

1961年，法国学者勒鲁瓦·古尔汉提出了一种富有创意的观点。他认为不同的动物代表不同的性别。例如，马的图像代表雄性，而野牛代表雌性。绘画中的顺序反映了旧石器时代晚期社会中的有序化，即雄性和雌性之间的划分。

伊文戈·雷茨尼科夫和米歇尔·多瓦的做法则奇怪得多，他们慢慢地走过整个洞穴，反复地停下来测试洞的每一部分的回声，最后发现，回声最大的那些区域也是很可能藏有绘画或雕刻品的地方。从而推测，绘画实际上是远古宗教仪式的一部分，旧石器时代的人们在作品前吟唱咒语，从而获得一种神秘的感受。

福尔索姆燧石
——言说被遗忘的猎手

不知你有没有这样的感受，看着镜子里的自己，努力地回忆着："10年前的今天我在哪里？去年的此刻我又在做什么？"最后终于沮丧地发现，记忆里好多都是空白。其实又何止是一人，尽管能够闲坐在图书馆里翻看三叶虫的一生，对于人类自己的历史，又有谁能够完整了解？

美国新墨西哥州费金斯野牛的发现，意外打开了大自然为人类保留的相册，一段被遗忘的人类历史重新被发现。

1925年一个春光明媚的下午，为了寻找一头丢失的母牛，牛仔乔治·麦琼金沿着福尔索姆镇附近的一条溪谷骑行。河床已经干涸，阳光照射着露出来的鹅卵石，泛出白花花的光芒。

突然，麦琼金觉得眼前光线一晃，河床里不知有什么东西反射着强烈的阳光。

他策马过去察看，发现那是一些已经被晒白了的牛骨。在捡起几支仔细查看后，一团疑惑油然而生：这些骨头太大，绝不是普通的牛骨，那么究竟是什么大型动物留下的呢？

接下来，在其中一块骨头下，麦琼金找到了这种

人文故事 RENWENGUSHI

动物的死因——一把锋利的燧石利器，尖部有着精致的雕刻。这与他所见过的任何印第安人的箭头完全不同。

麦琼金不知道，他看到的这堆奇怪的东西，后来被认定是现在北美出土最早和最有价值的史前遗物。在通过对骨骼样本的鉴定后，新墨西哥州博物馆馆长费金斯先生发现，原来它属于约在1万年前已在美洲绝种的野牛，因而这种美洲野牛又被称为费金斯古代野牛。

然而，真正令人困惑的难题却是混在野牛遗骨中的那把燧石利器。

费金斯认为它是使用的燧石投掷器的尖端部分。他深信，大约在1万至1万2千年之前，在北美洲有一个擅长猎获大型野兽的部落存在。

但在他鉴定了样本之后很长一段时间里，考古界对费金斯这个假说仍心存怀疑。因为对于北美洲的史前史来说，这是一个全新的说法，在此之前北美洲还从未发现过史前人类遗迹。更多的人认为那件燧石利器是近代人打制的，只不过非常巧合地被河水冲到了那堆史前骨骼堆中而已。

费金斯与他的同事们坚信自己的判断。他们清楚地知道，除非找到新的证据，假说才能成为事实。接下来的时间里，他们在福尔索姆进行了多年的考古发掘。

事情终于在1967年出现了转机。他们发掘出另一具费金斯古代野牛的骨骸，并在两根肋骨间找到了一个嵌在里面的石制矛头。毫无疑问，这头野牛是被人猎杀的。这就是说，1万多年前，的确有一个从事狩猎的史前部落曾生活在北美这块土地上！

《在西南草原上猎捕美洲野牛》：油画，美国斯坦利（John Mix Stanley，1814—1872年）绘，美国史密森艺术博物馆藏。画中描绘了美国西南部印第安人在草原上围猎野牛的情形，一位印第安勇士骑着白马，拿着长矛刺向身边奔驰的野牛。

就这样，一段被遗忘的美洲人类历史终于被重新发现。

在冰河期快结束时，如今很干旱的新墨西哥州还是一片茂密的草原。当美洲野牛和其他大型动物在这片肥美的草原上活动时，一群技艺熟练的猎人也出现了。

在发现骨头的那个干涸的河谷附近有一片水域，周围生长着繁茂肥美的青草。当美洲野牛赶到那里去喝水时，早已埋伏在草丛里的古印第安人就一跃而出，用锋利的石矛猛烈地向猎物刺去。

除了熟练而灵巧的捕猎技艺外，他们的行动还非常有组织性。近几年的考古发现表明，他们会设法迫使一群多达200头的美洲野牛四处逃窜。在惊惶中，其中半数的野牛坠入溪谷。一些牛被后面狂奔的同类踏死踏伤，而另一些则遭到早已埋伏在溪谷上的猎手射杀。

大规模的狩猎行动后，他们采用高效的屠宰加工方法，就近按程序将野牛分批分解，然后将骨头分类堆积起来。在科罗拉多州某溪地附近发现的一个史前屠宰场中的牛骨表明，这次狩猎大概为整个部落提供了25690公斤肉食，2450公斤脂肪和1800公斤内脏。但是关于这些勇猛的古代猎人，我们仍知之甚少，他们的部落生活怎样？他们崇拜什么神灵？他们后来如何？有太多的空白还要后人一点点地帮他们回忆和填补。

特洛伊遗址
——荷马史诗见真章

公元前8世纪的希腊半岛，一位名叫荷马的盲诗人四处漂泊，在美妙动听的七弦竖琴伴奏下，他开始向人们缓缓吟唱自己的诗作：

故事发生在奥林匹斯众神统治着大地的时候，一切从纷争女神在众神聚会上投下不和的金苹果开始。

诱人的金苹果上写着“献给最美的女人”。天后赫拉、智慧女神雅典娜和爱神阿芙洛狄忒都想得到这个苹果，于是众神让特洛伊王子帕里斯裁决。赫拉许诺给他权力，雅典娜许诺给他智慧，而爱神许诺给他最美丽的女人，最后年轻人宣布爱神获胜。

在爱神的帮助下，帕里斯诱拐了海伦——最美丽的希腊女人、斯巴达国王墨涅拉俄斯的妻子。为帮戴了绿帽子的弟弟雪耻，迈锡尼国王阿伽门农集合希腊各邦军队向特洛伊城开战。10年漫长而惨烈的战斗后，在雅典娜帮助下，希腊联军最终用“木马计”攻陷了特洛伊城，带回了海伦，一把火将特洛伊城化为灰烬。

2700多年后，人们只把这个关于爱情与毁灭的传说看作是动人的神话而已，除了一个狂热迷恋着荷马史诗的德国商人海因里希·谢里曼。

谢里曼1822年出生于德国一个贫穷的牧师家庭。

在7岁那年的圣诞节，父亲送给他一本杰勒的《世界史》作为礼物，插图中熊熊燃烧的特洛伊大门使他着了迷。从那一刻起，他狂热地收集着有关希腊历史的一切，发誓要找到特洛伊。

1870年4月，谢里曼抱着对荷马的坚决信念，来到土耳其。根据荷马史诗的记载，谢里曼最终认定西沙里克小山就是遗失的特洛伊城的所在地。他甚至等不及获得土耳其政府的批准，就迫不及待地开始了挖掘工作。

令他信心大增的是，不久就挖到了一段6英尺厚的石墙。虽然工程在2周之后被勒令停止，但他坚信他之前所发现的就是特洛伊的城墙，特洛伊城就在脚下！

1871年，谢里曼终于获得了土耳其政府的批准，正式动工开掘。他渴望发现特洛伊的心情可以说到了疯狂程度，因此这位业余考古学家的发掘方法非常鲁莽和急躁——他雇用了120名当地人，硬生生地从西沙里克小山的中轴线上挖出一道130英尺长的深壑。

深壑里的情景，大大出乎谢里曼的意料：之前所发现的石墙只不过是洋葱一样的遗址横截面的最外层，下边层层叠叠的废墟表明，他发现的不仅仅是特洛伊，而是埋在下面的一大片城市！

吟诵史诗的荷马：勒卢瓦尔绘。行吟诗人荷马在爱奥尼亚一条大路旁，一边奏着齐特拉琴，一边吟唱歌颂特洛伊英雄的史诗。

厚达45英尺的废墟一个压一个，各层之间又有多层泥土相隔，每一层代表着一个城市。很明显，这里至少曾经存在过7座城市，而每一座都是在前一座的遗址上修建起来的。

寻宝心切的谢里曼此时取下了考古学家的面具，换上商人精明的嘴脸。他指挥工人们不顾一切地向下挖掘，用大车拖走了成千上万立方码的泥土和石头，使这座遗址上面几层具有考古实证价值的地层，在他大刀阔斧向底层的鲁莽发掘下丢掉了。

1873年5月，一个尘土飞扬的

炎热早晨，奇遇还是出人意料地到来了。

当挖到一座大型宫殿遗址的基石时，他的眼睛仿佛被魔法吸引住了——泥土中有什么在阳光照射下发出微弱的闪光。他愣了一下，随即意识到一生中最重要的时刻马上就要降临。

不远处，土耳其政府派来负责监视挖掘工作的官员正在四处检视。一旦事情暴露，宝藏的一半就必须上缴给土耳其政府。

他立即将妻子叫过来，低声告诉她："是金子！我想我看到普里阿莫斯（特洛伊末代国王）的宝藏了！"年轻的妻子惊讶万分。"快！随便找个什么理由叫他们回家去。他们可以回去休息了，别的什么都不要说。快点！"

在偌大的挖掘现场只剩下他和妻子索菲亚后，谢里曼顾不上头上摇摇欲坠的古砖，用一把刀开始拼命挖掘。

很快，他发现一个紧挨一个存放着大量的黄金饰物和金银器皿的木箱子。激动的谢里曼推测，当年特洛伊城破时，普里阿莫斯的家眷把这些财宝仓促地收在木箱里逃命，想不到没有来得及逃走就被希腊人杀死，这些黄金就被随后坍塌下来的石块和泥沙掩埋。

谢里曼夫妇偷偷带走了所有他们能带走的东西，包括3条做工精美的头带、60只耳环、6个手镯，还有将近9000粒黄金珠子。

1874年，谢里曼骄傲地向世界宣布了自己的惊人发现，人们才开始相信荷马史诗的真实性。

谢里曼和特洛伊之间的故事算得上考古界的一个传奇。这个传奇虽令人羡慕，却并不令人尊敬。

前苏联在20世纪90年代曾对这批黄金做过碳十四的测试，发现谢里曼所发现的宝藏，并不属于荷马史诗中那个特洛伊。它们形成的时间要比普里阿莫斯国王所处的时代还要早！谢里曼所发掘出的遗址地层，据现代考古学家推断，形成于公元前2500年至前2200年，这比荷马史诗中的特洛伊战争年代要早1000年。而急功近利的谢里曼匆匆忙忙一下挖到遗址的最底层，反而很可能将真正的特洛伊遗址亲手毁掉，这可真是太具有讽刺意味了。

谢里曼（Heinrich Schilemann，1822—1890年）：德国考古学家，希腊古典时代以前远古文化发掘与研究的开拓者。在希腊考古和欧洲考古学方面影响深远。他根据《荷马史诗》发掘了特洛伊和迈锡尼。

牛河梁女神
——红山文化的“维纳斯”

1983年秋季的一个黄昏，夕阳的余晖将辽西建平、凌源两县交界之处的牛河梁染得一片赤红。北梁主山上，几个考古工作者已经进行了一整天的考古勘察工作。一天下来，他们一无所获。

天色渐暗，考古队员们拾掇随身物品准备下山。一位考古队员来到一处冲水沟边小解，恰在此时，脚下一块似石头又非石头、似陶片又非陶片的东西引起了他的注意。他弯腰拾起，定睛一看，心里不禁一阵狂跳：天哪，这是一件人像雕塑的鼻子！

轰动世界考古界的牛河梁“女神庙”遗址就在这一次不经意的小解中被发现了。后来，在正式发掘中出土的女神头像正好缺少一个鼻子，把这个鼻子安上去，不大不小，正合适。

牛河梁红山文化女神庙是中国首次发现的远古神殿，其遗址中文化内涵与宗教遗存的丰富程度都是任何其他遗址所无法比拟的。它的发现，对中国史前宗教及文明起源的研究都有着非同寻常的意义。

女神庙遗址：牛河梁红山文化遗址积石冢，辽宁凌源。

自从中国现代考古学建立以来，由于受到以王朝为中心的传统史学影响，人们习惯把中原即黄河流域当成中国文明的起源地。1960年代，苏秉琦先生在对山东、江苏、浙江等地的新石器文化进行考察时，发现东南沿海地区的古代文化水平要高于中原，于是对“中原中心论”进行了质疑。

1984年，经国家文物局批准，考古工作者对女神庙进行了正式发掘。遗址由女神庙、祭坛和积石冢等16个地点组成，占地约50平方公里。女神庙位于牛河梁诸道山梁的主梁之上，其地位的重要性从地理位置上也得到了表现。女神庙和其北部的大型山台是牛河梁遗址的主体。山台地势平稳，系人力加工所为，南北东西长各200米，四周砌以石墙，极似城址。

女神像发现于1984年10月31日的上午。一位参加发掘的考古队员后来回忆说，根本无法找到一个恰当的词来表达那时的心情。是欣喜若狂吗？显然不是。当女神像被一点点剥离出来的时候，人们都屏住了呼吸，整个工地悄然无声，只有小铲和小刷子剥离泥土的声音在沙沙响着。当女神头像完全显露出来的时候，辽宁省博物馆的摄像师不失时机地把这激动人心的瞬间定格在胶片上。后来，这张照片被题为“五千年后的历史性会面”。照片上，女神坦然而镇定地注视着5000年后的人们，嘴角带着一丝若有若无的微笑。

红山文化玉龙：约公元前4700—前2900年，1971年内蒙古翁牛特旗赛沁塔拉出土，中国国家博物馆藏。

令人惊奇的是，在牛河梁遗址群南部一处名叫“转山子”的山冈上，考古工作人员发现了一座类似积石冢的金字塔式建筑，与山丘浑然一体，总面积达1000多平方米，规模之宏大、结构之复杂非其他积石冢所能比拟。

祭坛、女神庙、大型方台、金字塔式巨型建筑、特点鲜明的积石冢群以及成组出土的玉质礼器，这一切都似乎说明，5000年前的红山文化已出现了基于原始公社氏族部落制度、又凌驾于公社之上的更高一级的组织形式——早期的城邦制国家。红山文化的发现证实了我们中华民族的5000年文明史。红山文化因此称为“中华文明的曙光”。

玉龙是红山文化玉雕中最夺目的亮点，其独特而精美的器形以及众多的出土数量使它成为红山文化出土玉器中最具代表性的器物种类。同时，“龙的起源”这一流行多年的热点问题又因红山龙的出土而再度升温。

在红山文化的前身——辽宁阜新市的查海文化遗址中就已发现了距今8000年的石块摆放的龙，身长约20米，头、尾、腿、足可辨，周围有50多座房址环绕，其尾部与遗址中最大的房址相连。在它刚出土时，对其是不是龙，辽宁省考古研究所的专家们持谨慎态度。然而，当它全面呈现出来时，那昂首张口、身躯宛转、似欲腾空飞起的形象使人无法否认，中国最早的龙的形象已于辽河流域面世。

红山文化一经发现，其美术特点与商代文化的相似性就迅速被学者们捕捉到了。最突出的例子莫过于上文提到的C形龙与商代殷墟的妇好墓出土的龙的比较。二者在轮廓上几无出入，只是龙头的样子不甚相同。

中国史前集中出土玉器的文化除了红山文化外还有江浙的良渚文化。虽距千里之遥，但玉器的共性让人称奇。有学者以此为据认为良渚文化的形成乃是受到了红山文化的影响。正是红山先民向中原的迁徙，造成了长江下游地区文化面貌的变化，并融入了红山文化的崇玉传统，形成了令人耳目一新的良渚文化。如果把红山文化置于一个更大的历史时空来研究，也许会赋予红山文化以全新的意义，并揭示出中华文明发生的全新内涵。

第四章　咀嚼天书

咀嚼天书

纳尔迈的石雕板
——方寸之间的历史

1898年，在埃及考姆艾哈迈尔的一个神庙废墟中，J·E·魁贝尔和F·W·格林找到了一块精美的盾形石雕板。

石雕板曾经作为奉献给神庙的供品，被埋在神庙地界之内。在石雕板的一面上，戴着上埃及王冠的法老高举权杖正在击打一个敌人。周围的一组象形文字表明此人名叫“瓦师”，可能是敌人的首领。法老的左边大概是一位高级官员，为法老提着便鞋。鹰神荷鲁斯居右，爪子牵着一个人头，人头上的6根纸草代表着法老在战斗中俘获了6000名俘虏。

象形文字及阿蒙荷尔荷普谢普王子画像：古埃及墓室壁画。阿蒙荷尔荷普谢普是古埃及法老拉美西斯二世的儿子。

在石板的另一面，得胜的法老戴着下埃及王冠，正在战场上查看被砍去首级的敌人尸体。竖立在他前方的四面旗帜，代表着他的同盟者。画面中间绘有长长的脖子纠缠在一起的神兽，表示一种和睦的意思。画面最下方，象征着法老征服力量的公牛，正在向有围墙的城镇发起进攻。

这位威武的法老究竟是谁？学者们发现，石雕上的鲇鱼代表“纳尔”的发音，凿子代表“迈”的发音，连起来就是“纳尔迈”。无论如何，这位纳尔迈可不是一位简单的人物，他就是古埃及历史上赫赫有名的第一任法老。

那么石板上记载的这场战争到底是怎么回事呢？为什么纳尔迈一会头戴上埃及王冠，一会又头戴下埃及王冠呢？

原来，5000多年前的埃及并不是一块统一的土地。在这块沿河铺展开的富饶谷地上，以孟斐斯为界，埃及分为上埃及（埃及南部）和下埃及（埃及北部）两部分，最初分别由不同的王朝统治。上埃及王室以白色百合花为标志，下埃及王室则选择了红色的鹰。顺着从南向北流淌的尼罗河，人们可以很方便地到达下埃及，而返程时的北风将白色的风帆吹得满满的。因而，从地理上看，埃及从来就是一个整体。

后来，埃及突然产生了独立的象形文字。考古学家们推断，由于此期埃及社会的发展，祭司们发明了这种文字记录体系来加强行政管理的效能。于是，统一的文字使得上下埃及紧紧联结在同一文明载体上。再后来，为了集中管理灌溉工程，为了确保尼罗河全线航运的畅通，需要一个强有力的政府来进行组织，埃及的统一变得势在必行。

公元前3100年左右，上埃及统治者纳尔迈（也称为美尼斯）发动了对下埃及的远征，打败了下埃及的统治者，最终把北至尼罗河三角洲的整个埃及都置于自己的控制之下，成为埃及历史上第一位法老，定都提尼斯。

因此，石雕板上所记载的，其实就是纳尔迈统一上下埃及的这场重要的战争。

有趣的是，记载着如此严肃主题的石雕板，却很可能只是古埃及女性用于化妆的调色工具，因此这块石板又被称为“纳尔迈的调色板”。

但是，“纳尔迈的调色板”真正的价值并不在于所记载的内容，而在于记载本身。它是文字记载史上现存的最早实物，也是埃及古代象形文字的最早例证，因此对于考古学、埃及统一时期的历史和美术来说，是最重要的古物。

面对着这块石雕板，不禁心有所感：当世界刚露出文明的曙光时，百合花盛开的尼罗河畔已回荡着祭司们关于永生的吟唱。几千年后，当法老们的帝国在阿拉伯人扬起的尘土中湮没，关于那个伟大文明的记忆，就只剩下一卷卷深奥的象形文书。千年的岁月不过是过眼云烟，谁又知道当年调色板装扮出的精致容颜凋零在何处了呢？

峭壁文章
——比里斯顿石刻文

1835年，宁静的波斯小镇比里斯顿来了位名叫亨利·克莱斯维克·罗林逊的年轻英国军官，他是奉命来这里执行任务的。

刚来到这里，他就听说附近的古驿道旁有一块奇特的悬崖石刻，上边刻着些谁也看不懂的铭文符号。这一传闻引起了罗林逊的好奇心，他决定去见识一下。

站在陡峭的山岩前，仰望着眼前这面高达340英尺的巨大悬崖石刻，罗林逊惊叹不已。

这组石刻大概在描述国王检阅来自不同部落战俘的场景：象征光明幸福的阿胡拉·马兹达乘坐着战车在空中飘行。在他下方，高大的国王身罩披肩，左手执弓，脚下还踏着一个人。9名服饰各异的人被绳索捆绑着，列队向国王走去。

画面四周及下方刻着14行楔形文字，其中包含3种不同的语言。尽管不太明白它的确切意思，但他知道这块石刻的意义非比寻常。

接下来的几年时间里，罗林逊多次回到这里。他冒着生命危险，靠着绳索和短桩搭建的壁架攀上崖壁抄写这些铭文。而最难到达的部分就只好出钱雇了个库尔德男孩，用绳索将他吊上悬崖，把铭文拓印下来。

罗林逊为什么甘愿为这些楔形文字冒这么大的风险呢?

这要从遥远的古代开始讲起。幼发拉底河和底格里斯河之间有一片被称为“美索不达米亚”的富饶土地，这里孕育出了著名的两河流域文明。公元前4000多年，南部的苏美尔人创造出了世界上最古老的文字，并产生了独特的写作方式。

当时的人们还不懂得造纸，就用黏土做成矩形泥板，在上面刻字，然后再把泥板晾干或烤干。由于写字的笔是用芦苇秆、木棒或动物骨头做成的，落笔时力度大速度缓，印痕宽而深；提笔时力量小速度快，印痕窄而浅，好像木楔子，人们因此把它称为楔形文字。

这种苏美尔图形文字很快被两河流域的居民吸

收，并在其基础上变化出各自的文字。后来，当显赫一时的巴比伦帝国烟消云散，亚述帝国落下帷幕，而波斯帝国也只剩下残垣断壁后，人们开始将这里遗忘，楔形文字也就渐渐退出了人们的记忆，再也无人能懂。直到近代，楔形文字和这段被遗忘的文明历程才又被重新发现。

1616年，一位名叫皮托·德拉·凡勒的意大利探险家进入已成蛮荒之地的美索不达米亚探险，第一次将刻在陶碑上的楔形文字带回了欧洲。很多专家都不以为然，认为那只不过是装饰花纹或鸟类偶尔留下的爪印。直到19世纪初，随着此类发现的增加，研究者们才终于认识到他们的错误。

约公元前2100年的苏美尔便携式泥板：泥板上面刻着楔形文字，列举了苏美尔信使应携带的啤酒、面包及其他口粮。

尽管资料不少，破译工作却毫无头绪，德国哥丁根大学的希腊文教授格劳特芬德耗费了多年时间，才读懂了波斯石刻上40个楔形文字中的8个，其中的困难可想而知。

罗林逊发现的比里斯顿石刻之所以重要，就是因为它有一个独特之处——石刻上的铭文是用古巴比伦文、埃兰文和古波斯文分别写成的。只要将它们之间相互参照，就有可能解开楔形文字之谜。

很快地，罗林逊于1843年成功翻译出了那段古波斯文，弄清了这块石刻铭文的来历。

公元前522年3月，波斯暴君冈比西斯率大军远征埃及的时候，有一个叫高墨达的拜火教僧侣，谎称自己是被冈比西斯处死的皇弟巴尔迪亚，在波斯各地和米底挑起了叛乱，波斯国内情势相当危急。但是，冈比西斯在回国途中突然暴毙，一时间波斯贵族群龙无首。这时，一个贵族用阴谋手法获得了皇位，并平定了叛乱。他就是历史上有名的大流士一世。

为了称颂自己的功绩，大流士让人将他平定叛乱的经过，刻在米底首都爱克巴坦那（今天伊朗哈马丹）郊外比里斯顿附近的一块大岩石上，既可以接受子孙万代的瞻仰，又能避免后来的统治者的破坏。

接下来，罗林逊将它们与楔形文字对照，楔形文字的奥秘最终被揭开。

原来，最早的楔形文字是像阿拉伯文字一样从右到左书写，排成直行的。可是这样既书写不便，又容易碰花刚写上的字，后来就把字形侧转90度，改成从左到右书写的横行。

如果说轻信是不科学的态度，那么墨守成规也是真理之路上的荆棘。在罗林逊最初宣布自己能够看懂楔形文字的时候，许多高傲的专家纷纷对这位外行嗤之以鼻。就在这时，英国皇家亚洲学会做了一件不寻常的测验：皇家学会向4个人分别发出了密封好的信件，里面装的是同一篇最新出土的亚述语楔形长文。这4个人中，除了罗林逊外，其他3人都是著名的楔形文字专家。当他们各自将翻译好的文字寄回时，4篇内容基本一致的译文终于让所有怀疑者闭上了嘴。

就这样，骄纵颓废的古巴比伦人、凶残好战的亚述人、苏美尔人的洪水传说、英雄和帝王的伟大业绩、充满智慧的生活谚语……那个遥远的时代开始从蒙尘的泥板中一点点浮现出来。

罗塞达石碑
——打开埃及古文明的钥匙

1799年，埃及罗塞达附近的拉齐德要塞。

在挖掘防御工事的法军中突然兴起可怕的谣言，士兵们交头接耳，小声议论着古埃及邪恶的符咒已经降临。很快，谣言惊动了负责指挥的军官布沙德，有人战战兢兢地将废墟中发现的东西指给他看。

只见一块黑色的玄武石断碑静静地躺在泥土中。它约有桌面大小，一面镌刻着三段文字，从已经变得有些模糊的字体上来看，它至少已经经历了上千年岁月的侵蚀。

布沙德尽管不大相信这套异教徒的玩意，但神秘的土地容易使人相信神秘的事情，这块古老的石碑上所篆刻的究竟是什么呢？真的是来自古埃及的邪恶符咒吗？无论如何，他感到这块石碑绝不寻常。于是，布沙德将石碑运往开罗，送呈拿破仑。

结果虽然是虚惊一场，但仍让人瞠目结舌——其中一段石碑铭文，正是已经失传上千年的古代埃及象形文字！

这种古老图画式的象形文字诞生于约5000年前，可惜它写起来既慢又很难看懂，因此大约在3400年前，埃及人又演化出一种写得较快并且较易使用的字体。古老的象形文字在历经重重劫难后，终于没能挺过岁月的考验，逐渐失传，被人们遗忘了。

随之被遗忘的还有18世纪以前埃及的历史，因为尽管古埃及文字资料浩如烟海，却没有一个人能够读懂它们，数千年埃及的历史也就尘封在那一卷卷奇怪的象形文字中。这是多么悲哀的事情啊！

根据发现地，这块石碑很快被命名为“罗塞达石碑”。

碑上的三种字体刻着同一篇碑文。最上面用的是象形文字，共11行；中间是后来使用的通俗体文字，共32行；最下面是希腊文字，共54行。希腊文是可以看得懂的，只要把它们互相参照，不就明白古埃及象形文字到底是怎么翻译了吗？人们为之激动不已，把它视为上天赐予的通往过去的钥匙。

碑上的希腊文很快就被读通了。

原来，“罗塞达石碑”上的碑文是公元前196年埃及孟斐斯城的僧侣们，给第十五王朝法老托勒密写的一封歌功颂德的感激信。他登上国王宝座后不久，取消了僧侣们欠交的税款，并为神庙开辟了新的财源，对神庙采取了特殊的保护措施，所以僧侣们写了这封感激信，刻在这块黑色玄武岩碑石上。

尽管学者们能借助碑上的希腊文，领悟到象形文字的含义，却依然没有解开古埃及的象形文字之谜。

1801年，石碑终于等到了与之命运相连的人——法国人让·弗朗索瓦·商博良。从11岁第一次见到石碑拓文时起，为了读懂埃及象形文字，商博良勤奋工作了21年。

与之前的研究者不同，他跳出了密码转译式的复杂拼凑方法，另辟蹊径。商博良在研究过程中，发现古埃及人写国王名字时，都要加上方框，或者在名字下面画上粗线。“罗塞达碑”上也有用线条框起来的文字，于是他大胆推测：框起来的文字会不会就是法老的名字

拿破仑

拿破仑(NapoléonBonaparte，1769—1821年)，法国军事家、政治家，法兰西第一共和国执政，法兰西第一帝国皇帝。他多次击败保王党的反扑和反法同盟的入侵，捍卫了法国大革命的成果；颁布的《民法典》成为后世资本主义国家的立法蓝本；多次对外扩张，控制了西欧和中欧的广大领土。1812年兵败俄国，元气大伤；1814年被反法联军赶下台。1815年复辟，后在滑铁卢之战中失败，被流放到圣赫勒拿岛。1821年病逝。

埃及罗塞达石碑：制作于公元前196年，是孟斐斯城的僧侣给当时的国王托勒密的一封感激信，铭文包含了象形文字、希腊文和阿拉伯文。

呢？

按照这种方法，通过对比希腊文法老之名的写法，商博良终于读通了埃及法老托勒密和王后克里奥帕特拉这两个象形文字，它们可以从右到左，也可以从左到右，或者从上到下拼读出来。商博良由此确信，象形文字中的图形符号，实际上代表的是发音的辅音符号。就这样，失传千年之久的古埃及象形文字终于被商博良破解了！通向过去那个伟大埃及的大门再次向人们敞开。

尽管托天才之福，象形文字重新回到了人间，但是关于当初的绝迹，还有一个不得不说的故事。

6世纪的埃及处于信奉东正教的东罗马帝国统治下。尽管当时古老的象形文字已经极度衰微，但是在菲莱岛上，还残存着一座供奉爱西斯女神的埃及神庙，这座神庙是埃及象形文字的最后栖息地。可是有一天，东罗马帝国皇帝查士丁尼一世下了一道消灭异教的圣谕，将神庙财产充公，雕塑和绘画运送到君士坦丁堡博物馆，懂得象形文字的僧侣和抄写工匠则全都被投进监狱。就这样，当他们之中的最后一个人在贫病交加中悲惨地离开人世，这种文字就终于彻底失传了。

古埃及象形文字绝对不会是唯一一个被人类亲手葬送的文化成果。只是，这些牺牲品中又有几个能够像它一样幸运，重新回到世人眼前呢？

法治标本——汉谟拉比法典

1901年12月的一天，在伊朗西南部苏萨古城遗址上，由法国人和伊朗人组成的一支考古队正在紧张地进行发掘工作。突然，泥土中浮现出一段经过打磨的黑色玄武石柱残部，石柱上面刻画着浮雕和字迹优美的楔形文字。这种文字在古代是王室专用字体，考古学家由此推测，这块石柱一定记载着相当重要的内容。

石柱的另外两块残部在几天后也被发现。人们将三块断裂的石柱拼合起来，正好拼成一个完整的椭圆柱形黑色石碑。经过解读后发现，石碑上的内容正是赫赫有名的古巴比伦国王汉谟拉比制定的一部法典。

汉谟拉比是古巴比伦第六代国王（约公元前1792年—前1750年），也是一位杰出的军事征服者。公元前1758年，汉谟拉比率大军攻陷马里，统一了包括亚述南部在内的整个美索不达米亚，建立起强大的中央集权国家。

为了维持王国统一，调解臣民内部纠纷是必须的。“为了不让强者欺凌弱者，为了孤寡各得其所”，汉谟拉比命令臣下把过去的一些法律条文收集起来，再加上苏美尔社会的传统原则和惯例，编成一部相当详细的“汉谟拉比法典”。它不仅将地方性法令和条例融合成为法典条文，也将历来的判例明文颁布，是世界上最早的一部比较系统和完备的成文法典。

这部法典被下令刻在黑色玄武岩石碑上，竖立在金碧辉煌的马尔杜克神殿里，他自己作为执法王的塑像之前。

石碑高2.25米，底部圆周长1.9米，顶部圆周长1.65米，分为上下两部分。在上半段71厘米高的精致浅浮雕中，“正义之神”沙马什坐在王位上，正将一把象征帝王权力的权杖授予汉谟拉比，汉谟拉比则恭敬地站在沙马什的面前，举起右手起誓。

石碑下半部刻着法典内容。环刻在碑上的法典共有52栏4000行，约8000字。石碑出土的时候，除了正面7栏被人为磨掉外，其余部分基本完整。

“汉谟拉比法典”分为序言、正文和结语三部分。汉谟拉比在序言里列举了自己的一系列功绩。正文共282条，分为道德、国家和私人社会三部分。道德部分地位最高，是神的领域，涉及某些不可饶恕的罪行；国家部分代表王室利益，集中反映维护王室土地、履行兵役、杂役等义务；私人社会部分最为复杂，规定了诉讼手续、盗窃处理、军人份地、租佃、雇佣、商业高利贷、债务奴隶、继承权、伤害和赔偿、奴隶地位等领域。结语则夸耀了汉谟拉比统一全国、建立公正与和平的历史功绩。

“汉谟拉比法典”也存在许多不完善的地方。一方面，法典规定了许多残忍的惩罚手段，光死刑就分为溺死、烧死、刺死和绞死。另一方面，法典还保留了许多原始的习惯法，例如两个自由民打架，如果一个人被

古巴比伦汉谟拉比法典：法典铭刻在黑色石柱上，现存巴黎卢浮宫。尽管法典制定了严格的惩罚措施，但这些法规并不总是被严格地执行。

打瞎了一只眼睛，对方就要同样被打瞎一只眼睛作为赔偿；被人打掉牙齿，就要敲掉对方的牙齿。依照这种原则，如果房屋倒塌，压死了房主的儿子，建造这所房屋的人得拿自己的儿子抵命。

此外，“汉谟拉比法典”对奴隶主、自由民和奴隶的规定也不同。尽管对于自由民的处理原则是“以牙抵牙，以眼还眼”，但是如果奴隶主把自由民的眼睛弄瞎，只要拿出一定数量的银子就可了事。如果被弄瞎眼睛的是奴隶，就连赔偿都可以免了。奴隶如果不承认他的主人或打了自由民的嘴巴，就要被割去双耳。属于自由民的医生给奴隶主治病，也是胆战心惊的。因为，如果奴隶主在开刀的时候死了，医生就要被剁掉双手。

为了巩固奴隶主的统治，法典还规定了一些更严厉的条款：逃避兵役的人一律处死；帮助奴隶逃跑或藏匿逃亡奴隶者，都要处死；如果违法的人在酒店进行密谋时，店主不把这些人捉起来，也要被处死。

正是依靠这部残酷的法典，汉谟拉比时代的巴比伦社会，成为古代东方奴隶制国家中统治最严密的国家。

那么这部石柱法典是怎样从巴比伦跑到苏萨的呢？

原来公元前1663年，埃兰人攻占了巴比伦之后，把刻着“汉谟拉比法典”的石碑作为战利品带回到了首都苏萨。埃兰国王将石碑正面7栏文字磨去，原打算刻上自己的功绩，但是在毁去原来的字迹后，不知为何没有刻上新字。这部珍贵的法典也就得以幸存下来，并以其涵盖广泛的内容，成为今天研究上古西亚文化的重要文献。

神谕龙骨——汉字的起源

汉字，承载着华夏的文明，见证着中华的传统。关于它的起源，自古便有许多美丽的传说。

中国古书有记载说文字是由仓颉创造的。据传，仓颉是黄帝时期的一位史官，他看见一名天神，天神相貌十分奇特，长得好像一幅绘有文字的画，仓颉便描摹它的形象，创造了文字，即史书所记载的“仓颉造字，天雨粟，鬼夜哭”。另有传说仓颉是观察了鸟兽印在泥土上的脚迹，有感而发才创造了文字的。传说归传说，终归都缺少可靠的科学依据。

真正汉字的起源，还要从河南安阳殷墟甲骨文的发现谈起。

河南安阳市西北5里的小屯村，是殷商王都。周灭殷后，此都湮灭，故后人将此处称为殷墟。小屯村农民耕作时，经常从地下翻出刻有文字的甲骨，但不知此为何物，又有何用。

清光绪初年，小屯村的剃头匠李成染了一身疖疮，没钱医治，痛痒难忍。一天，他试着将那些甲骨拣采碾成碎粉敷在脓疮上，脓水很快被吸干了，疖疮不久也好了。他把这事告诉了村里人，一些上了年岁的人说这是神仙显灵，一些读书人则说它是“龙骨”。李成把“龙骨”拿到中药铺出卖，药铺以一斤六文钱的价格收进，再以较高的价钱远销到河南以外的地方。人们从此识得“龙骨”，并发现它除了止血外还有多种医疗功效。

甲骨有了身价，小屯村也掀起了挖掘热潮，到处都像是地道战似的挖起了条条堑壕土坑，谁都想在此大捞一笔。

一个剃头匠的偶然巧遇，导致了凝结中国古代灿烂文化的甲骨源源涌向中药铺。不知是幸，还是不幸。

光绪二十五年(1899年)，任国子监祭酒(相当于国立大学校长)的王懿荣害了疟疾，他的家人从宣武门外菜市口“达仁堂”中药店抓来了一剂中药，其中有一味涩精补肾的药就是“龙骨”。

王懿荣精通医道，每剂中药都要经自己过目后才送去熬煎。这次，他照例把药拿来一一细看。忽然，他发现一块“龙骨”上有刀痕。仔细辨认，上面刻有一种前所未见的、似字非字的刻划符号。王懿荣是一位金石收藏家，尤其对中国的古文字造诣颇深。他发现这“龙骨”上的字迹与铜器铭文相差无几。惊奇之余，断定此物不同凡响，

商王武丁时期卜骨：卜辞内容涉及对商先公上甲的祭祀。

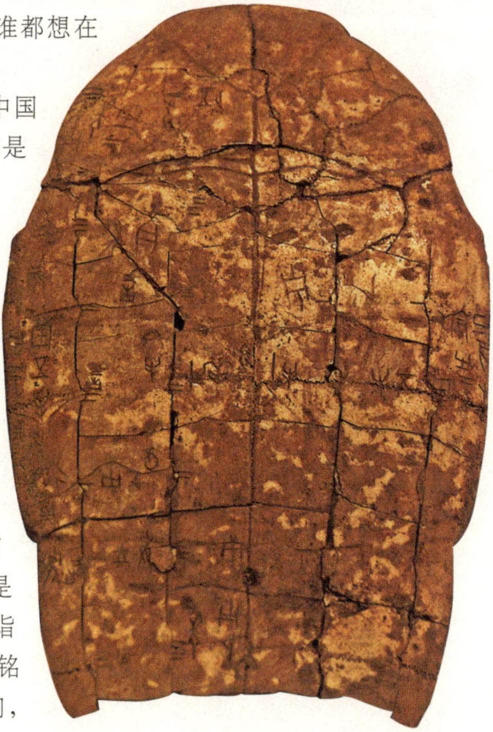

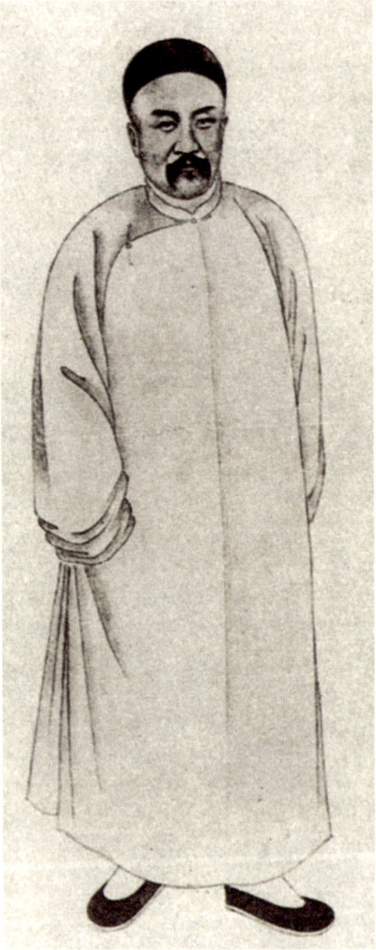

王懿荣（1845—1900年）：山东福山人，字正孺，一字廉生。近代金石学家，甲骨文的发现者。

便亲自到药店用高价把刻有文字的“龙骨”全部买了回来。经反复揣摩研究，王懿荣认定其为殷商时代的一种文字，从而使甲骨文重见天日。

自从王懿荣发现甲骨文以后，殷墟甲骨不再是医治病人的本草偏方，而是成为使中华青史化腐生肌的灵丹妙药。那些被人们称为“神谕”的龙骨上的符号也摇身一变，成为中华文字的祖先。

近年来，随着挖掘工作的不断深入，现已发现超过15万片刻有符号的骨头和龟甲，据统计，大约有4500种，现在已有1700种被翻译出来。这些龟甲的内容主要包括祭祀、狩猎、农业、天文、战争和王室的活动。在甲骨文上，有人发现一些象形文字。例如：⊙代表太阳，Ψ代表牛、羊等。

甲骨文是中国最早的成熟文字，其与埃及的纸草文、巴比伦的泥版文书等同为人类最珍贵的文化遗产，后两种都已失传，而中国甲骨文几经变异，一脉相承，终于成为现在中国通行的文字。

现在，能看懂甲骨文已不再是专家学者的专利。在殷墟博物苑有一处长达300余米的长廊，长廊的碑廊上有560多个甲骨文附有现代汉语对照，还有释义和英文注解。所以，平民百姓如今也可以很容易地读懂一些甲骨文了。

尽管如此，甲骨文却不是中国最早的文字。据考古资料表明，在我国原始社会晚期已有汉字的萌芽。1975年在西安半坡仰韶文化遗址中，发现陶器上有一些重复出现的有规律的简单符号，被郭沫若认定为中国文字的起源。但是，随着出土的陶器种类与数量的增多，又出现了风格各异的文字和符号。

看来，至今考古学家也没有给汉字起源的研究画上一个圆满的句号。随着发现的增多，问题也就越显复杂。但可以肯定的是，汉字是汉民族的祖先经过长期社会实践而创造的一种文字符号系统，也是世界上历史最悠久的文字体系。

睡虎地秦简

——华夏最古老的法律简文

中国最早的见于文献记载的成文法典是战国初年魏文侯的相国李悝制定的《法经》。在中国法律史上具有划时代意义的秦律即是以《法经》为蓝本。但殊为可惜的是，无论是《法经》还是秦律都久已佚失无存，人们能够见到的完整保存下来的古代法律，以唐律为最早。隋代以前的律文虽有人辑录研究，所看到的不过是零章断篇，难窥全貌。1975年3月湖北云梦睡虎地11号墓大批秦国法律简文的出土，彻底改变了这一状况，使秦律的真面目大白于天下。

睡虎地，位于湖北云梦县城关西郊，东南距云梦火车站仅100多米，这一特异地名也许会让人产生"藏龙卧虎"的联想。这里原是一个小山嘴，从地名学的角度看，这一带可能会有墓葬分布：它的南边是大坟头山嘴，北边是木匠坟山嘴。那究竟会有什么虎睡在这幽幽山嘴之下呢？

1975年冬，正值"农业学大寨"高潮迭起之际，云梦县城关公社也在睡虎地山嘴平整土地，大搞农田水利建设。一天收工后，两个青年社员经过新挖的水渠，一位张姓小伙在渠底偶然看到一片青膏泥，也许是心有灵犀，他一下子联想到以前参观考古工地时曾经看到过这种密封棺木用的青膏泥，两人当即在发现青膏泥的地方向下挖去，仅仅两锄深就看到了椁木，证实了他们关于此地有古墓的判断。这一发现很快报告到云梦县文化部门，并对古墓发现地采取了有效保护措施。考古人员经过40多天的勘探发掘，清理了分布在睡虎地山嘴上的12座古墓，根据墓葬形制和出土文物，可以断定这批墓地是战国末秦国至秦始皇时代的墓葬。

在睡虎地发掘的12座秦墓属小型墓，墓底一般长2.96—4.22米，宽1.24—2.74米，一棺一椁。12座墓中共清理出随葬器物400余件，主要有漆、木、竹、陶、铜、铁等质料的各种器物，以漆器最精美，造型独特，颜色如新，共140多件，是研究漆器历史和工艺的重要资料。但给人带来的最大喜悦莫过于11号墓的

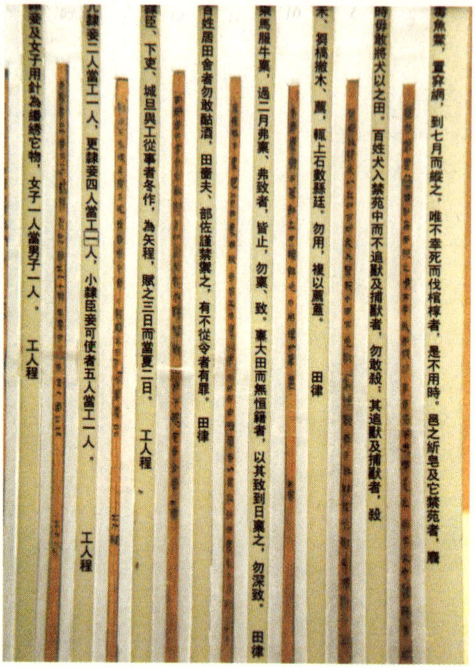

秦代《秦律十八种》竹简：1975年湖北云梦睡虎地11号墓出土。湖北省博物馆藏。

1100多片竹简。

睡虎地11号秦墓是一座长方形竖穴土坑墓，墓口东南长4.16米，南北宽3米，深5.19米，墓中有椁室，椁室内有棺室和头箱，头箱内有漆器、竹木器、陶器、铜器等70余件，棺内随葬竹简、毛笔、玉器、漆器等，竹简分8堆散置于尸骨头部、右侧、足部和腹部。

经清理，棺内竹简共1150余枚，简长23.1—27.8厘米，宽0.5—0.8厘米，墨书秦隶，简文近4万字，清晰可辨。简的上、中、下都有三道残存的绳痕，可知当时是以细绳分三道将一枚枚竹简编辑成册的，出土时绳索已腐朽，竹简散乱成堆，不见原来的编撰和匝序。

为及时解读这批竹简资料，有关部门牵头成立了云梦秦简整理小组，李学勤等10多位学者经过一年多的辛勤工作，整理出《编年记》、《语书》、《为吏之道》、《日书》甲种和乙种等10种书籍。其中最有价值的是法律类的《秦律十八种》、《效律》、《秦律杂抄》、《法律答问》、《封诊式》等600多简。从这些资料来看，秦国的法律已具备刑法、诉讼法、民法、军事法、行政法、经济法等比较完备的法种，举凡农田水利、牛马饲养、粮食贮存、徭役征发、刑徒服役、工商管理、官吏任免、物资账目、军爵赏赐、军官任免、军队训练、战场纪律、后勤保障、战后奖惩等等，均有具体细致的法律条文规定。1976年3月28日，《人民日报》等媒体对云梦竹简的出土作了及时报道，学术界对中国法律渊源的研究亦因此而获得宝贵的第一手资料。

第五章　古墓开光

古墓开光

安阳殷墟——华夏考古圣地

河南省的北部有一条蜿蜒流淌的东西向的河，这条河称作洹河，它流经河南省安阳市。此河此城在19世纪末20世纪初鲜为人知，直到1908年考古学者找到震撼世界的甲骨文的出土地点，即安阳小屯，并确认它就是史书上所记载的殷墟时，洹水安阳殷墟才作为华夏考古圣地而声名鹊起。

有人称安阳殷墟为中华考古第一都，殷墟见证了商代晚期灿烂的文化。它的发掘创造了历史上多项“中国之最”和“世界之最”。如果你看完下面的文字，也会感慨：实不为过！

殷墟为都254年，是中国历史最早也是长期稳定的都城。3000多年前，洹水边的殷都亲身经历着各朝的兴衰，目睹着历代帝王的起落。作为中国历史上有文献可考的古代都城遗址，它以宏大的规模、众多的人口和丰富的文化当之无愧地位居早期都城建设水平之首位。

说到殷墟，如果不提甲骨文，就如舍本逐末。甲骨文是中国发现最古老的较成熟的文字。在当时，帝王

妇好墓：位于河南安阳殷墟遗址。

用它来占卜和记事。到现在为止，甲骨文出土约达15万片，为学者们研究中国汉字起源和商代的历史提供了宝贵无比的财富。古籍里的“殷踞洹上”也正是因为甲骨文被破解后，才为世人所晓。

后母戊大方鼎是世界上出土的青铜器之冠，通高133厘米，重832.84公斤。它那雄伟的气魄实为世间罕见。就因珍贵至极，后母戊大方鼎也是历尽了沧桑颠簸。它曾是侵华日军穷追不舍的对象，也曾是蒋介石庆祝寿辰的寿礼。进过马槽，也经过权贵之手，但最后后母戊大方鼎终于在中国历史博物馆获得了自己安稳的一席之地。

商代国王武丁之妻——妇好的墓也值得一提。这里安葬着中国古代第一位文武双全的女将军，她曾带兵攻打过西部的羌方、北部的土方、南部的八方和东部的夷方。因其功勋卓著，武丁对她宠爱有加，在其死后给予她很高的待遇。妇好墓规模虽不大，但却是目前发现的商代王室墓中唯一一座没有被盗掘的，墓中出土的1928件形制精美的随葬品，其中包括青铜礼器200余件，青铜兵器130余件，玉器755件。

殷墟作为中华考古的圣地，其“宝藏”还远不止这些。

在安阳小屯村的西北部有一块高地，南临洹河，被当地村民称为“鬼集”。据说此地经常有鬼魂出没。然而，就是在这处入夜后便无人敢走之地，却是10余座商代王陵和大量祭祀坑的所在地。

另外，同是在小屯村，其东北部洹河岸发掘出了大量的夯土基址、墓葬和窑穴，这是商王的宫廷建筑，商王以殷为都达254年，其宫廷建筑庞大而宏伟。整个遗址发现有50座基址，其中有的为商人寝宫和接待方国首领、享宴群臣的地方，有的为宗庙所在地，还有祭坛和供人居住的房屋。

然而，令人遗憾的是，由于武庚叛乱，殷墟毁于战火，昔日繁荣一时的帝都现在仅存一方夯土，但也正是这些夯土和这条浩浩的洹水向现在的人们诉说着昔日帝王之家的威严与气魄。

目前，有史以来最大规模的殷墟考古工作仍在进行。谁都不可否认的是，一个世纪以来在殷墟的发掘和发现，不仅使殷墟成为中国近现代考古学的摇篮，而且为湮没了3300年的殷商文化提供了一种独有的、科学的历史见证。

殷墟的发现也是中国文化史上的重要里程碑，它以雄辩的事实证明了司马迁《史记·殷本纪》中记载的真实性与可靠性，确定了商朝历史为信史，扫清了人们对三代历史的疑古之风，增强了人们认识三代直至以前历史的信心。殷墟的发现，被列为20世纪中国100项重大考古发现之首。

海波吉姆
——睡美人与万人坑

马耳他岛位于西地中海的西西里岛以南，就是在这个面积仅246平方公里的小地方，却产生了考古史上独一无二的大发现。

凡是来到马耳他岛观光的游客，都知道这里最负盛名的景点是岛上20多座神庙。这些神庙全都是由巨大的石块砌成，风格雄浑古朴，但最重要的是，早在公元前3000年—前2000年的新石器时代，它们就已经矗立在那里了。神庙的建筑规模通常很大，布局精巧，用竖着的大石头排列成圆形或椭圆形建造而成。其建造技术和建筑规模令早期的许多考古学家都叹为观止，因为在对文字、车轮运输和金属使用一无所知的新石器时代，要建造起如此壮观的建筑群，必定要拥有远远超出“原始人”的强大组织能力才能实现。

而在这些神庙建筑之中，却有一个显得与众不同。简单地说，与那些气势磅礴的地面巨型建筑不同，它是修建在地底的。

这座奇特的神庙遗迹就沉睡在马耳他岛佩奥拉镇一家普普通通的食品店地下。

1902年，一群建筑工人在此开凿岩石，以建造蓄水池。脚下的岩石突然被打穿了，下面立即出现了一个阴森的大洞，人们这才发现这里竟然有一个宽敞的硬石灰岩地下室。

起初工人们并没有太在意，只是利用这个石洞来堆放施工废料和碎石废泥，甚至垃圾。但其中有一个细心人却认为这个洞穴不比寻常，它并非自然形成，更像是人工凿成的石室。会不会是什么重要的古代遗迹呢？于是他向当地考古部门报告了这一发现。

在清除了所有的建筑垃圾之后，考古学家们发现了一个巨大的迷宫式三层地下室，里面有一系列彼此相连的房间，最深处距离地面10米。这一发现使队员们十分兴奋，他们称其为“海波吉姆”，引自希腊语的“地窖”一词。

但是，这个海波吉姆也令他们感到非常困惑。地下室建筑风格看上去与马耳他许多地面神庙如出一辙，其中20间房间的房梁、门楣以及其他地上建筑物所具有的特征一应俱全，还绘有牛的壁画，似乎只是粗心的工匠们将它错搬到了地下。

那么它是一个地下神庙吗？

答案似乎如此，因为人们发现了一个特殊的石室。在这间石室里，有一堵墙壁被削去一块，后面凿成状似壁龛的石窟，仅容一人藏身。这一设计的神奇之处在于，当一个人坐进去像平常一样说话时，他的声音变得洪亮清晰，在房间各个角落都能清楚地听到。考古学家认为石室很可能是祭司的传谕所，当人们前来向神请教时，一位祭司就藏在石窟中。在回答问题时，他的声音会在房间里产生一种可怕的回响，加上周围阴森怪异的环境，一定会使前来敬神求谕的人肃然敬畏。

而崇拜的对象大概是个女神，因为考古学家在海波吉姆发现了一尊被称为睡美人赫尔·塞夫立爱妮的女

马耳他圣保罗大教堂：坐落在马耳他首都瓦莱塔独立广场上，是瓦莱塔最具标志性的建筑之一。

人雕像。她侧身躺卧，拥有异常丰满的大腿和臀部，这也许为了强调其生育能力或其他女性特质。

但是接下来的发现却使情势急转直下，考古学家们开始怀疑海波吉姆的真正作用——在一间宽度不足20米的小室里，他们发现了大约7000具人骨。

经过仔细清理，考古学家们发现这些骸骨并非一具具完整的骷髅。室内骨骸散落，说明那是以一种移葬方法集中到室内的。所谓移葬，是指在土葬后若干年，尸体腐烂后，再将遗骨转移到别处重新埋葬，这种埋葬方式在原始民族中很普遍。

这么看来，这座海波吉姆是一座大型合葬墓吗？如果是的话，为何将死者的安息之地与神的礼拜之所结合在一起？

当4000多年前的先民们用牛角和鹿角工具在这个坚硬的石灰岩中进行如此工程浩大的开凿时，他们到底在想什么呢？这些疑问恐怕要留待以后慢慢解答了。

世界第八大奇迹
——秦始皇陵兵马俑

坐落在陕西省西安市的秦始皇陵兵马俑博物馆，藏有约8000件真人般大小的巨型陶质兵马，这些兵马俑被誉为“世界第八大奇迹”。走进陈列大厅，凭栏向下俯视，一支2200年前的古代大军仿佛迎面而来。他们披坚执锐，军容严整，气势雄壮，势不可挡。刹那间，你会感觉历史距离顿然消失，一种神秘的魔力恍惚把人引入战马嘶鸣、军鼓震天、紧张激烈、鏖战在即的历史氛围。这种古典写实主义艺术的巨大魅力，向世界展示了中国古代文明史上辉煌的一页。而这一历史奇迹的发现，同样具有传奇色彩。

1974年3月29日，陕西省临潼县(现西安市临潼区)晏寨公社(现晏寨乡)西杨村的几位村民在村南一片柿子林中打井抗旱。在井下挖土的村民发现了一个窟窿，挖开窟窿后，看到一个类似瓦罐的东西。继续往下挖，“瓦罐”变成了像是一个人的脖腔，之后便是身子、胳膊、腿、铜兵器、砖头等，村民以为挖到了“瓦神爷”。

这里的村民祖辈相传地底深处有“瓦神爷”。它深居地下，行踪诡秘，从不轻易露面，然而谁一旦遇见，便会带来不祥。村里一些迷信的人烧香叩头，祈求“瓦神爷”不要降罪于村民。

兵马俑一号坑：陕西西安秦始皇陵。

其实，早在这次发现以前，秦俑已经多次传递了它们存在的信息。20世纪30、40和60年代，西杨村附近出土了4个跪坐俑，只是没有得到足够的重视。

正当村民们对“瓦神爷”不知所措的时候，晏寨公社水保员房树民来到了现场，凭着自己的文物知识，他让村民们立即停止打井并向县文化馆报告了此事。

县文化馆王进成馆长接到报告后马上带领文物专干赵康民、丁耀祖骑自行车来到西杨村。虽然他们接触过许多文物，但像这样真人一般大的陶俑却还是第一次碰到。他们隐隐约约觉得，这么高大的陶俑决非等闲之辈，很可能是极富价值的国宝，应该赶紧收集起来！于是，他们向村民们宣传国家文物政策，动员村民们把井下出土的文物拿出来。

6月的一天，新华社记者蔺安稳从北京回家乡临潼探亲。当他得知西杨村村民打井挖出“瓦神爷”后，很快写出一篇题为《秦始皇陵出土一批秦代武士俑》的重要情况反映。稿子印发后，立即引起中央领导的重视。有关部门迅速组织发掘。秦俑从此逐渐揭开了掩盖它2200多年的面纱。

根据青铜兵器上的铭文，考古专家找到了答案——俑坑是秦始皇的殉葬坑！为了摸清整个俑坑埋藏的内涵，考古队在坑的西端和中间开了四个试掘方，发现了陶质武士俑。从已发掘的兵马俑的排列密度可以推知坑中大约有陶俑、陶马6000余件，实用青铜兵器数万件。

奇迹，真是奇迹！1975年7月21日新华社播发了秦

秦兵马俑二号坑：陕西西安秦始皇陵兵马俑博物馆。

始皇陵兵马俑坑发掘的消息，这一重大考古发现，顿时引了国内外普遍关注。

为保护兵马俑，并向世人展示其威武之姿，国家决定拨巨款在俑坑上面建筑遗迹展览大厅，成立秦始皇陵兵马俑博物馆。

秦俑馆的主体工程历时两年，至1978年4月建成。伴随展览大厅的竣工，俑坑的正式发掘也提到日程上来。经过考古队员紧张而又有序的工作，秦兵马俑的神秘面纱终于揭开。原来，这是一个东西长230米，南北宽62米，埋葬陶俑6000余件，总面积达14260平方米的大型兵马俑坑，这就是今天的一号坑。更令人惊叹的是，随着钻探范围的不断延伸，在一号坑的北侧，又发现了二号坑、三号坑，以及未建成的四号坑。通过试掘证明，二、三号俑坑不仅在平面形制上异于一号坑，在埋葬陶俑类别、军阵布局上都具有独特之处。

这些兵马俑形成一个坚如磐石的地下军阵，有锋有后，且锋轻后重，陈列密集，十分符合古代兵书中对方阵排列的要求。对于拥有这样一支军队的秦王嬴政来说，“振长策而御宇内，吞二周而亡诸侯”是再自然不过的事情了。

但是，秦始皇为什么要修建这样一个大规模的地下军阵？也许我们可以从那个“事死如事生”的古老传统中找到答案：古代君王为了死后继续生前的享乐，非常注重修建坟墓，秦始皇也不例外。但秦始皇毕竟又是秦始皇，这位一统天下的千古一帝既然相信自己会灵魂不死，肯定也相信那些被他消灭的山东六国贵族同样灵魂不死，担心有朝一日他们会找来报仇，有必要准备一支地下御林军。这大概就是为什么兵马俑坑要设在秦始皇陵东门以外而坑中的兵马俑又面向东方的原因所在吧。

侯府幽钟鸣——湖北随州曾侯乙墓编钟出土

在湖北省随县县城西北约3000米的地方，有一个名为擂鼓墩的大土冢。由擂鼓墩再往东南约1000米的溮水河畔、五陵尽端，突起两个高出河滩平地约20余米的大土包，两土包相距100余米，当地百姓称东边的为东团坡，意为东边的圆形土包，西边的即为西团坡。这一带依山傍水，从土包上居高环览，视野十分开阔，自然环境良好，符合古代陵墓择地的基本要素。

1977年9月，中国人民解放军武汉空军后勤某部的一个雷达修理厂为扩建营地厂房需要，平整东团坡一带的山包，施工人员放炮炸松了这一带的红砂岩，然后用推土机推，结果发现东团坡顶端处有一片呈不规则形的黄褐色和黑褐色软土，再往下则推出了青灰色的膏泥和石板，于是上报上级文化部门。

1978年3月，经省地县联合勘察古墓小组认定，这是一处木椁保存完好、墓坑呈不规则多边形、面积达220平方米的大型古墓葬，其中木椁的规模达190多平方米。这是一个巨大的喜讯，因为这样大的木椁墓，在我国境内还没有发掘过，比1972年长沙发掘出土西汉女尸的马王堆1号汉墓大了整整5倍。这就是后来出土编钟震惊海内外的曾侯乙墓。

曾侯乙墓，是新中国成立以来正规发掘的最大的一座战国时期的木椁墓。此墓距今2400年左右，建于小山岗之上，为竖穴岩坑墓。墓葬平面呈规则多边形，墓口东西最长处21米，南北最宽处6.5米，规模甚为宏大，仅木炭就有6万千克以上。椁室由171根长条方木直接垒成，东西长19.7米、南北宽15.72米，面积近200平方米，分中、东、西、北四个相对独立的长方形椁室，中有通道沟通。

四个室中，最引人注目的是犹如地下乐宫的中室。先看编钟。编钟之所以会格外引人注目，首先是因为它完整，出土时绝大多数钟仍然悬挂于编钟架上；其次，出土编钟最多；其三，钟体特大(最大一件高152.3厘米，重203.6千克)，全套编钟上还有2800多字的铭

曾侯乙编钟：湖北省博物馆藏。

文，编钟(包括梁架铜构件)总重达4400千克，堪称世界乐器的重量之最。出土时，还有两件粗大的撞钟棒依架而立，另有6件“T”字形钟槌在编钟架附近。说明这些棒槌是和编钟配套使用的工具。在中室西壁编钟架的对面，放置青铜鼓座并竖建鼓一件。在建鼓之北，有一对青铜联禁大壶。中室北部，有一编磬。编磬架座由一对青铜铸造的怪兽组成，怪兽由龙头、鹤颈、鳖身糅合为一体，奇特而别致。磬分上下两层悬挂，每层各16块，共32块。在中室北部空间还出土有瑟7件、笙4件、排箫2件、篪2件、小鼓2件，此外还有少量漆杯。这一套摆设，实际就是一个古代的地下礼乐宫。钟、磬在古代为高级贵族享用的必备之乐，所谓“金石之声”或“金声玉振”，在宫廷中更是不可少，或又谓之宫廷之乐。此墓这一套钟、磬等乐器以及酒器的陈设，真实地反映了古代宫廷中统治者饮酒作乐的镜头。

经初步分析便发现：这一套钟有自己的基调和完整的音列，音色优美，音质纯正，音域宽广，音列充实。上层钮钟声音清脆纯净，音量较小，频率较高，稍有余音。中层较小的甬钟，声音接近钮钟而更嘹亮，频率亦较高，音量亦不大，余音较短。中层较大的钟，声音圆润洪亮，音量较大，频率较低，余音略长。下层的大钟声音低沉浑厚，音量大，频率低，余音长。但真正用于实际演奏的主要是中层的三组钟和下层的大甬钟。上层钮钟可能是用来定调或合节拍的。下层钟声深沉、洪亮，起烘托气氛的作用。中、下层甬钟以姑洗律(约相当于现代音乐的C大调)为基调，在宽广的音域内，构成了高、中、低三个音域区，并且十二个半音备齐，基本骨干音为五声、六声乃至七声音阶，可以旋宫转调，适于演奏古今中外多种乐曲。这意味着这套编钟是目前世界仅见的保留着原有音响的特大型定音古乐器，同时也是目前所知世界上保存下来的最早具有十二个半音的乐器。测音结果表明：这套编钟既可以演奏西洋雄厚激越的进行曲，亦可演奏韵味悠长的国乐。

湖北随州曾侯乙墓与编钟的发掘，在中国考古史上留下诸多悬念和佳话。历史上的曾国只是一个名不见经传的小国，在楚国的霸权之下能够有此规模和水平的文明发展，堪称奇迹。所出土的文物数量之多，质量之精美，世所罕有，人们只能用“惊人”二字来描述这座墓葬，用“叹为观止”来表达自己的心情。

金缕亦成衣
——满城汉墓藏珍宝

1968年的中国，正值“备战、备荒、为人民”最红火的岁月，北京军区工程兵第六工区165团奉命开赴河北省满城县陵山主峰东坡开凿防空洞。

5月20日凌晨，当防空洞向山里打到24米深时，地下突然发生塌陷，从偌大的洞口呼呼往外冒热气。战士们小心翼翼地下到洞里，在离塌陷洞口大约2.4米的地方，发现一个开阔的洞穴，因为担心有危险，他们没有走到洞穴尽头，随手捡起地上的两件奇怪器物便爬了上来。令人惊奇的是，这两件器物竟是两件鎏金铜器。

北京军区将满城发现文物的情况报告了周恩来总理。总理指示：不管是什么文物，部队一定要保护好，不能损坏和丢失。并请郭沫若负责办理此事。

6月25日一支由中科院考古研究所、河北省文化局的考古人员组成的考古队到达陵山，开始大规模的发掘工作。

一进洞口，大家都惊呆了。呈现在人们面前的是一个略呈长方形，约20平方米的小厅，南北两个耳室，中间一个大厅及回廊，均摆放了许多文物，南北耳室各长30米，南室摆放了几辆战车和国王乘坐的安车，另外还有十几匹陪葬马匹的骨头，马身上配有金光闪闪的马具。

走进北室，地上摆放着约有数百件大酒缸、石磨盘、彩绘酒壶和陶罐等器物。中间大厅高7米，铜器、漆器和医疗器具琳琅满目。中室西南还有个尚未打开的后室，中间大厅地面上的一根长约两寸的金针，熠熠生辉，工艺十分精巧。

郭老根据发掘文物推断，这个墓葬应当是景帝刘启庶子、武帝刘彻之兄、蜀汉帝刘备之祖中山王刘胜的墓，其考古价值非同寻常。根据西汉丧葬制度和刘胜的特殊地位，他的墓穴极可能有历史上记载过、但从未被发现的金缕玉衣。

虽然考古人员在墓室里没找到刘胜的尸体。但在后室右侧墙边发现了一张床，床离地面一两寸高，上面只有一件衣服样的东西。四周放了很多兵器、铜器和玉器等。衣服上面是一层厚厚的污泥，已经看不出什么亮丽的颜色。专家们擦拭后，发现是玉片，不禁一阵惊喜。

这种曾见于史书中的金缕玉衣，终于首次发现实物。“金缕玉衣”全长1.88米，用玉2498片，金丝重1.1千克。玉片四角均有穿孔，全部用金丝线编缀。“玉衣”是汉代皇帝和高级贵族死后的殓服。汉代文献中曾有皇帝和高级贵族死后用玉衣作葬服的记载，他们深信“金玉在九窍，则死人为之不朽”，所以往往把死者严实地包裹在“金玉”内，以求肉身不腐。

据《后汉书·礼仪志》记载，皇帝“玉衣”用金缕，诸侯王、列侯始封、贵人、公主用银缕；大贵人、长公主用铜缕。刘胜是诸侯王，如按《后汉书》所载，只能使用“银缕玉衣”，而实际出土的却是“金缕玉衣”。在“玉衣”内还发现玉璧18块，以及饭含等佩戴之物。此种葬服一直延续到东汉末年，直到魏文帝曹丕

金缕玉衣：河北满城中山靖王墓出土，河北省博物馆藏。

下令禁止使用。

7月20日晚，考古队给郭老打电话，报告了金缕玉衣出土的消息。郭老得知后很兴奋，马上要求亲自去现场。

7月22日，郭沫若来到陵山。在现场仔细考察后，他又推断："墓地的北部应该还有一个墓室，应该继续挖掘。"

8月8日，按照郭老的意见，中科院、北京军区、河北省开会研究，对下一步发掘提出了具体方案。8月13日，二号墓被打开，墓内又发现了一件金缕玉衣和惊世绝伦的长信宫灯。长信宫灯作宫女跪坐持灯的造型，通体鎏金，头部、身躯、右臂、灯座、灯盘、灯罩分别铸造，最后组合，整个灯具设计巧妙，造型生动，堪称工艺杰作。

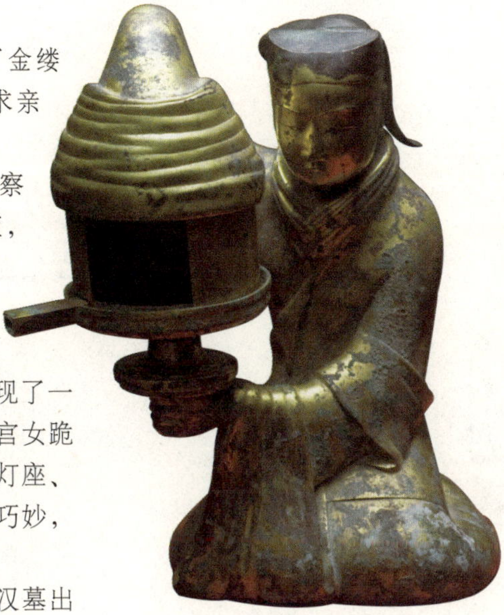

西汉长信宫灯：河北满城汉墓出土，因曾放置于窦太后（刘胜祖母）的长信宫，故名。灯体为一通体鎏金、双手执灯跽坐的宫女，神态恬静优雅。设计十分巧妙，宫女一手执灯，另一手袖似在挡风，实为虹管，用以吸收油烟，既防止了空气污染，又有审美价值。现藏河北省博物馆。

9月20日，墓室的发掘工作全部完成。满城汉墓出土文物万余件，包括完整的金缕玉衣，风华绝代的长信宫灯、错金博山炉等令世界倾倒的国宝级文物。这在已发掘的汉墓中是罕见的，被列为"三大汉代文物考古成就之一"，1988年被列为全国重点文物保护单位，1991年正式对外开放。

目前开放的一号墓（刘胜墓）和二号墓（窦绾墓）都坐落在主峰的东坡。两墓南北并列，墓门向东，相距约120米。在墓口前的山坡上有一条宽6-14米的南北古道，此道应是营建墓穴和埋藏死者时人工修建的上山道路。

陵山上除了第一、二号两座墓外，暴露在外面的小墓还有18座。刘胜墓墓洞全长51.7米，最宽处37.5米，最高处6.8米，容积约2700立方米。

全墓可分为墓道、甬道、南耳室、北耳室、中室和后室等六部分。墓洞凿成后，又在不同的洞室分别修建木构瓦房或石板房，形成一座豪华的地下宫殿。

窦绾墓规模巨大，气势宏伟，开凿工艺超过刘胜墓。窦绾和刘胜一样，死后也穿"金缕玉衣"，同样分为头部、上衣、裤筒、手套和鞋五大部分。全长1.72米，由2160片玉片用金丝编缀而成，所用金丝重约700克。

墓中出土的大量珍贵的历史文物，在一定程度上反映出当时社会财富的积累和生产力的发展水平，是研究我国汉代冶炼、铸造、漆器、纺织等手工业和工艺美术发展情况的重要资料。

马王堆女尸
——年代最久远的湿尸

马王堆地处湖南省长沙市东郊，出长沙火车站往东走，过五里牌约1000米处，在广阔的田野中偏北方有一处形似一个大马鞍的双土堆，从前叫马鞍堆，此后随着时间的推移和口音的变化，便说成马王堆了。

马王堆的两个大土堆成东西向排列，相距23米。东边的堆下葬着1号和3号墓；西边的堆下葬着2号墓。1951年冬，著名考古学家、中国科学院考古研究所副所长夏鼐带领一批考古人员来到长沙进行田野发掘，马王堆自然在考察之列。夏鼐先生当时就曾断定这里有汉墓群。

“文革”期间，毛泽东提出“深挖洞，广积粮，不称霸”，“备战、备荒、为人民”。湖南省军区医院从战备需要出发，决定在马王堆建一个地下病房。雄心勃勃的地下工程一开始便受到了古人冥冥之中的“干预”，东边的巷道掘进不到10米，便遭遇严重塌方，无法继续施工。施工人员找来铁棒四处探查。突然间，从铁棒穿透的小洞里冒出一股气流。起初以为地下是一个空洞，便用水去浇灌。岂料气体压力很大，水被气流喷起。抽烟的人用火去点，气流顿时燃起了蓝色的火苗。大家十分惊异，不知这里面藏着什么怪物。

情况经省军区后勤部转到湖南省委。3天后，湖南省博物馆副馆长侯良骑着自行车赶到马王堆。到现场一看，不少人还在洞口点火抽烟，火苗燃了三天三夜没有熄灭。这种情形就是考古人员常说的“火洞子”。据专家解释：在古代，人们把“火洞子”归结为苍天或者鬼神的意志。在现代则认为是地下墓室封闭完好积久多时，由有机物分解产生的沼气。所以，凡是有“火洞子”的墓室，里边的随葬品一定会保存得很好。这也是考古人员所期望的现象。“火洞子”虽说不是千载难逢，但要碰上亦属不易。

1972年1月14日，马王堆1号古墓的挖掘工作正式开始，至4月28日结束，历时102天。参加挖掘的考古人员和民工最多时达1500人，昔日宁静的马王堆成了热火朝天的大工地。

马王堆1号古墓挖出的白膏泥约一米多厚，颜色白中带青，像糯米糍粑一样，又软又黏。白膏泥下面，是层厚近半米的木炭。清去木炭，便出现了灰黄色的椁板，四角整齐，拼合严密，完好如新。棺椁离地面有10多米，木椁长6.72米，宽4.88米，从垫木至椁顶高2.8米。用板70块，现有成材50多立方米，要用圆木200立方米以上。最大的一块杉木壁板长4.88米，宽1.52米，厚0.26米，重达1500千克。整套棺椁全部用扣接套榫结合，没有一个金属嵌钉。

4月28日，考古人员把马王堆1号汉墓的第四层棺材运到湖南省博物馆。经过7天的细心揭取，一具震动世界的西汉女尸出现了。女尸原为西汉诸侯长沙国丞相利苍之妻，死时年龄在50岁左右。古尸不仅体形完好，全身柔软，而且肌肉居然仍富有弹性，用手指按下去后放开，凹下去的肌肉和皮肤又会慢慢地起来，恢复原状。浅黄色的皮肤，乌黑的头发，眼睫毛依然清晰可见，左耳薄薄的鼓膜仍然完好。脚趾的趾纹和皮肤的毛孔也仍然清晰可见。四肢可以弯动。用防腐剂进行体内注射时，肌肉随即鼓起，然后又逐渐扩散，竟与活人注

马王堆西汉女尸辛追：湖南省博物馆藏。

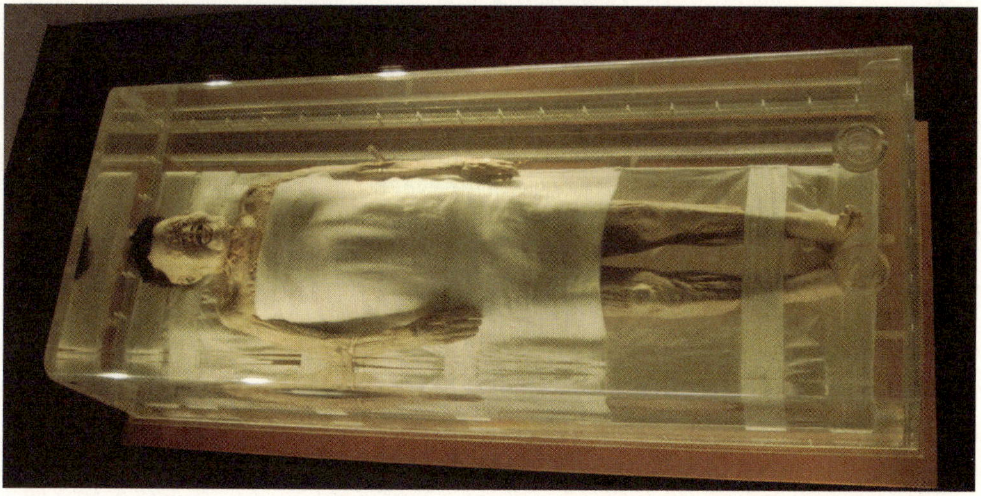

射没有差别。在电子显微镜的观察下，各种组织的切片中以胶原纤维保存特别好，几乎和新鲜尸体无异。女尸是一双大脚，说明汉代的女人并不裹小脚。这具湿尸历经2000余年而不腐，不能不说是一个奇迹。

古尸经解剖全面检查，发现她生前曾患有多种疾病：如全身性粥样动脉硬化症、胆石症；右肺上有钙化的结核病灶；右前臂陈旧性骨折；腰脊椎有骨质增生现象，还有日本血吸虫及蛲虫、鞭虫等感染。专家分析，致死的原因可能是胆绞痛造成反射性冠状动脉痉挛，以致心率紊乱而一命呜呼。

当时还发生了一件趣事：医生从女尸的食道到小肠取出了138颗甜瓜籽，中国科学院遗传研究所发现瓜籽细胞完整，认为有再生的可能。湖南省博物馆于是设想在馆内空坪隙地满栽汉代甜瓜，让外宾、首长来馆参观时品尝一番。后因甜瓜子的琥珀酸脱氢酶等遗传物质遭到破坏而未能如愿，不少人对此还深感遗憾。

青铜之冠——秦王铜车马

高头大马，香车美女，历来是财富和地位的象征，只不过如今社会发达了，乘车骑马也就算不上什么稀罕事了。倘若往上推2000年，有这等待遇者着实不多。

古代帝王车驾专用，并有一套銮驾制度。当年秦皇出巡时，文武百官，车马仪仗，熙熙攘攘，有前导，有后卫，有护从，有伴驾，按照一定的礼仪次第相随，俨然一代至尊。这种皇家仪仗队列，古代称之为“卤簿”。秦陵铜车马是秦始皇銮驾制度的真实反映，也是地上王国乘舆制度在地下王国的形象再现。

1980年12月，考古工作者在秦始皇陵西侧20米处一个7米深的坑里，发掘出土了两乘大型彩绘铜车马，按照发现的顺序，被编为一号和二号铜车马。铜车马当时被埋在7米深的坑里，外面用一个木椁装着。出土时因木椁腐朽，土层塌陷，两辆铜车都残破严重。经考古人员精心整理，这一秦代青铜工艺的杰作重新展现在世人面前。

一号铜车马，车马通长2.25米，宽0.955米，通高1.52米，总重量1061千克，配件3064个。铜车为双轮，轮径66.4厘米，两轮间距95厘米，单辕。通长183.4厘米，辕前端接衡，衡上置双轭，驾四马，两骖(两旁的马)两服(中间的两匹马)，马的高低和身长大体相同，高约106厘米，身长约109厘米，重230千克。舆为横长方形，舆广0.74米，进深0.485米。舆中部置“十”字形伞座，座上竖一独立圆形伞盖，通高1.14米，盖径1.22米，伞厚0.2–0.4厘米，伞弓22根。伞柄、伞面的制作精美，伞盖由一块圆形铜板制成，略成拱形。伞柄成竹节状，御官俑立于伞下偏右处，手执辔，身佩长剑。紧靠轼下挂着一铜质矢匣。矢匣呈长方形盒状，内装铜矢54支。轼前左侧向前突出两个银承弓器，上置青铜弓弩一副。左栏板内侧装一副盾菔。菔内插着一件铜盾牌。盾牌为“出”字形，盾正背四周均彩绘几何纹，中间绘变形龙纹。

二号铜车马，车马通长3.17米，通高1.062米，舆广0.98米，进深1.24米，重1241千克。双轮，轮径59厘米，两轮间距101.5厘米，单辕。通长2.46米，比一号车车辕长。辕前结构同一号车，四马大小尺寸和重量约同一号车前的四马。该车由3462个零部件组成，其中青铜制件1742个，金制件737个，银制件983个。车舆呈凸字形，分为前后两室。前室较小，近似方形，宽36.2厘米，进深35厘米。仅供御手一人乘坐，后室状如龟甲，前后室均置于篷盖之下。御官身佩长剑，跪坐于车前室，手中握着辔索。

根据两乘车的形制结构和历史文献记载，专家们将一号车定名为高车，或称立车；二号车为坐乘的安车。这种立车在前，安车在后，排成一组，是秦代皇帝制度的缩影。安车舆箱四槽有户窗。两侧为可以上下启闭的支窗。后槽有门户，户扉右侧在车槽上装有拐形门栓。这种有户有窗的车，是一种古老简易的调温车乘，也就

秦铜车马：陕西西安临潼秦始皇帝陵博物院藏。

是古文献上所说的辒辌车。辒辌车原为皇帝乘舆的高级卧车，自从载始皇尸后，便成为丧车的别称。

铜车马造型逼真、生动。铜马均剪鬃，马鬃上留有单花，额部有双歧形的文髦。头戴金银编缀并与金银泡相连接组装的络头，额下佩穗状璎珞。右骖马额头上有一铜球系穗形璎珞，古称为“纛”，这种皇帝车子特有的标志，在考古史上是首次发现。铜马神态各异，比例准确。八马昂首挺胸，胸前凸起块状胸肌，臀部肥圆，前后腿塑出刚劲有力的筋腱纹。颈部、口角和鼻翼等处有肉褶纹，马蹄上部和小腿部两侧肌肉凹纹明显。就连马腿内侧皮肤角色块，俗称“夜眼”的附蝉也都专门作了塑造，呈一椭圆形凸块浮于皮上。马耳竖起，口张大，鼻翼似在扇动。服马举颈昂首前方，骖马略视两侧，给人一种“静中寓动”、“呼之欲出”的艺术效果。

我国古代画家根据实践经验，总结出人身长和头的比例为“立七坐五盘三半”的歌诀。这两乘车的御官俑，一起一坐。立俑符合“立七”比例，坐俑的高度也正是“三个半”头。御官俑的面庞仿佛天然生成，毫无雕饰斧痕，表现出强烈的真实感。

秦陵出土的铜车马是我国年代最早、驾具最全、级别最高、制作最精的青铜器珍品，也是世界考古发现的最大青铜器。它的出土，为考证秦代冶金技术、车辆结构、工艺造型等提供了极为珍贵的实物资料。

楚墓越王剑
——卧薪尝胆图霸业

要说越王勾践卧薪尝胆的故事，也许不足为奇；而要说勾践之剑在湖北江陵楚墓出土，未必不是一桩奇事。

江陵地区位于长江中游古云梦泽畔，西临鄂西山区，东接江汉平原，南濒万里长江，北通辽阔中原，控江带湖，形张势举，历来是兵家必争之地。

1965年冬，湖北省荆州地区漳河水库(今属荆门市)修造渠道工程，湖北省文物管理委员会、湖北省文化局文物工作队、湖北省博物馆的文物考古工作者配合工程进行文物勘探，在江陵县境内的纪山西麓和八岭山东麓一带，发现大小古墓50多座。根据“重点保护，重点发掘；既对基本建设有利，又对文物保护有利”的方针，对其中的8座墓葬作了发掘清理。

虽然8座墓葬大多已遭盗掘，但出土文物仍很丰富，其中保存较好的随葬品近2000件，发掘的最大收获是一柄青铜剑。

该剑出土时，置于棺内人骨架的左侧。拔剑出鞘，寒光耀目，毫无锈蚀，刃薄锋利，试之以纸，20余层一划而破。剑全长55.6厘米，剑身长45.6厘米，剑格宽5厘米，剑身满饰黑色菱形几何暗花纹，剑格正面和反面分别用蓝色琉璃和绿松石镶嵌成美丽的纹饰，剑柄以丝线缠缚，剑首向外翻卷作圆箍形，内铸有极其精细的11道同心圆圈。

剑身一面近格处有两行鸟篆铭文。这种古文字，史称“鸟虫书”，是篆书的变体，常有像虫像鸟之笔，或构成该字本身的笔画，或以之为装饰，类似今之艺术字，释读颇难。经过在现场参加发掘的历史学家方壮猷等考古工作者的释读，初步断定剑为越王自作自用之剑。

越国为春秋战国之际的一个诸侯国，从允常于公元前510年开始称王起，经勾践、鹿郢、不寿、朱勾……至无疆于公元前334年被楚所灭止，先后有9个王，此剑为哪一个越王“自作”呢?经过进一步研究，专家认定剑上的八字铭文为“越王勾践，自作用剑”。

地处长江下游的越国国君之剑，何以出在地处长江中游的楚国墓葬之中?它是战利品，还是作为馈赠的礼品流入楚国的呢?学术界众说纷纭：有人认为是越女嫁给楚国时的陪嫁品，因为史载越王勾践的女儿是楚昭王的宠姬；亦有人认为此剑系楚国缴获的战利品，因为越国后被楚国所灭。无论原因何在，剑主为勾践是没有疑义的。

越王勾践青铜剑，不仅铸造精工、花纹秀美，而且深埋2400多年而不锈，仍保持着耀眼的光泽，堪称青铜剑之极品。

春秋战国时期，周王室衰微，礼崩乐坏，诸侯割

越王勾践青铜剑：湖北江陵望山一号楚国贵族墓出土。

据，战争频繁。为了应付连绵不断的战争，各诸侯国不断改进和大量制造各种各样的武器。各国都有一批铸造青铜剑的能工巧匠。地处长江下游的吴国和越国，有欧冶子以及干将、莫邪等当时最著名的铸剑能手。吴越铸造的名贵青铜剑，坚韧锋利，在各诸侯国中享有盛名。

据《越绝书》记载，越王勾践有5把青铜剑，其剑“扬其华，淬如芙蓉始出；观其钣，灿如列星之行；观其光，浑浑如水溢于塘；观其断，岩岩如琐石；观其才，焕焕如冰释；此所谓纯钧也”。

1977年至1978年，湖北省博物馆与有关单位协作，在复旦大学的静电加速器上，利用原子核研究所提供的检测设备，对越王勾践剑进行了无损伤的测定与研究，解开了该剑千年不锈之谜。

越王勾践剑鸟篆铭文：越王勾践自作用剑。湖北省博物馆藏。

勾践剑刃及剑身含锡为16%—17%，这是铸造锡青铜强度最高的成分，并保持有一定延伸率；含锡再高，强度虽有提高，但抗张强度及延伸性迅速下降，作直刺用的兵器，要保证其强度以免弯折，而不需要砍击器的硬度或韧性，越王勾践剑和同墓出土的菱纹剑都使用了合理的含锡成分，反映了吴越铸剑的高超水平。

剑格使用了含铅较高的合金制作，这种材料流动性较好，容易制作表面的装饰。剑格表面经过了人工氧化处理，花纹处含硫高，硫化铜可以防止锈蚀，以保持花纹的艳丽。

勾践剑上镂有八字铭文，刻槽刃痕清晰可辨，可以肯定铭文系铸后镂刻。铭文笔画圆润，宽度只有0.3—0.4毫米，刻字水平之高可见一斑。

勾践剑因各个部位作用不同，铜和锡的比例也不一样。剑脊含铜较多，能使剑韧性好，不易折断；而刃部含锡高，硬度大，使剑非常锋利。这种采用两次浇铸的复合金属工艺，世界上其他国家直到近代才开始使用，这不能不说是科学技术史上的一个创举。

盖世三星堆
——美轮美奂的青铜文化

四川省广汉县流传着一个美丽的传说。据传，玉皇大帝曾在天下撒下了三把土，恰好落在了广汉的湔江边，成为突兀在成都大平原上的三座黄土堆，这三座黄土犹如一条直线上分布的三颗金星，故被称为三星堆。

与三星堆隔河相望，为一处高出周围的弧形台地月亮湾，月亮湾曾有一棵高大的马桑树，虬枝怒放，玉树临风，被称之为婆罗树。夜深人静之时，月亮湾别有一种清幽神秘。

1929年春天，世代居住在月亮湾的农民燕道诚在清理水沟时，意外地从地下挖出一批玉器。为避人耳目，燕道诚没有直接把玉器带回家，而是在半夜带着一家5口悄悄取回了那些宝物，有璧、璋、琮、钏、珠、斧、玉料等400多件。

1931年春，正在广汉做传教士的英国牧师董宜笃从燕道诚手中拿到了几件玉石器，随即送交给华西大学博物馆。美国人葛维汉当时在华西大学博物馆担任馆长，当他第一次见到那几件玉石器时，隐约感到一件重大的事情即将来临。

于是，1933年冬至1934年春，葛维汉和当时华西大学的教授林名均亲率考古工作者来到月亮湾，经过十天的发掘，共获各类文物600余件。后来，考古学者经过细心勘探，发现隔河的三星堆分布着更加重要的古代文化遗存。

1986年，大规模的发掘工作在三星堆展开。在考古现场，考古者小心地揭示着表土下面的蛛丝马迹，而砖窑厂的工人们却加大力度拼命挖土。

一个巨大的秘密已经是触手可及！

出乎当场所有人的意料，两处长方形的祭祀坑被意外地揭露出来。坑内堆放着的青铜器物顿时令现场的人目瞪口呆！

除了巨型的青铜人头像和全身像外，大量其他的铜器、金器和玉石器也在发现之列。这个发现，震惊了国内整个考古学界和历史学家，也轰动了世界。

商代青铜面具：1986年四川广汉三星堆出土。三星堆博物馆藏。

只见青铜面具中有一件高65厘米、宽138厘米，它的两耳如角尺般向两侧展开，面部呈长方形，眼球突出成圆角棱柱状，鹰勾鼻、长眼眶。它就像天神的卫士矗立于天地之间，神圣不可侵犯。

青铜人物造像更是令人侧目。在三种（立人、人头和人面像）青铜人物像中，有一件青铜立人像格外突出。这件青铜立人像身着燕尾式长袍，头戴花形高冠，衣冠饰以神兽纹样。他浓眉大眼、宽嘴方颐、长颈大耳，神情庄严肃穆。其双手大得出奇，双手执物端于胸前。据研究证实，它的手中执物是琮。

在出土的青铜器中，铜树也甚是显眼。最大的铜树通高3.9米，由树座、主干和树枝组成。底座上有三个跪坐守卫的神人，高大的枝干上有茂盛的枝叶、花卉、果实，还有飞禽走兽、悬龙、挂铃等。这棵满身生长奇物的神树造型庞大，似有通天的气势。

青铜艺术品表明，早在3000多年前，青铜冶铸业已是古蜀国的重要手工业门类，它们的青铜文化可以与高度文明的商王朝媲美，其青铜艺术作品准确地刻画了古蜀先民蓬勃向上的精神，显示了他们超凡的思维和纯熟的技艺。这些青铜人像，对整个考古界、美术界、冶铸工艺界造成一股强大的冲击力。

三星堆之惊世，除了上面提到的美轮美奂的青铜器外，还有极具传奇色彩的金器、玉器、戈、璋等。

让我们一起来看那金杖：此金杖是用纯金皮包卷而成的。杖上图案分为三组，最下一组为两个前后对称的人头，头戴冠，耳垂坠，两头之间用勾云形纹饰相隔。上面两组图案相同，下方为一对背向的鸟，上方为一对背向的鱼。金杖包含着丰富的文化内涵，它集王权、神权、财富和社会地位于一身，是古蜀王国的最高象征物。

上面几个文物在整个三星堆中无疑是沧海一粟。其出土文物赢得了无数个世界之最和中国之最。难怪人称：“北有兵马俑，南有三星堆”。

“沉睡数千年，一醒惊天下”。昔日的古蜀国给了当今世人一个意外的惊喜。它展现给我们的不仅仅是那精美绝伦的青铜文化，同时传递给我们这样一个信息：3000年前，古蜀国曾创造了不朽的物质文明，从它们身上我们看到了蜀族集团不朽的艺术灵魂！

第六章　王陵探访

王陵探访

定陵玄宫

——泰极否来的万历陵寝

明代自朱元璋洪武元年（1368年）至崇祯十七年（1644年）为李自成领导的农民起义军推翻，共经历了16位皇帝。其中除了建文帝朱允文被逼走，下落不明，太祖朱元璋葬孝陵、景泰帝朱祁钰葬金山外，其余13位皇帝均葬于北京昌平县北的天寿山南麓，合称十三陵。

20世纪50年代中期，一项考古计划曾试图解开十三陵所有的秘密，而最后，只有一座陵墓的地宫被成功地打开，那就是定陵。陵墓的主人是明朝第十三代皇帝朱翊钧，他生活在16世纪末到17世纪初的明朝末期，因为他在位的年号是万历，又被称为万历皇帝。

万历皇帝的黄缂丝龙袍：定陵博物馆藏。

定陵是万历生前为自己建造的陵墓，定陵始建时万历皇帝才21岁。为什么皇帝年纪轻轻就为自己建造起陵墓来？

1582年，被万历视为心腹的元辅张居正溘然长逝，这令万历皇帝悲不欲生。而令万历更为头疼的是，张居正去世之后，以前的反张势力便展开了声势浩大的参劾张居正的活动，张居正被“反张派”认定为“巨奸大猾、伪君子、独裁者”，这让万历于情于理都无法接受。正在这时，大学士张四维提议建造寿宫，以此来分散皇帝对张居正事件的不快，这座预筑的皇帝的陵寝便是定陵。

话说回来，在经过中央的批准后，定陵的试掘工作于1956年5月开始。

考古人员从定陵宝城东南侧有几块脱落的砖中发现了一处券门。经过在正对券门的位置上挖深沟，发现下面有用砖砌的隧道。追踪这条隧道的方向挖到7.5米处时，考古人员发现了一块小石碑，上面刻着“此石至金刚墙前宽十六丈深三丈五尺”。

一年以后，碑上所记的“金刚墙”终于被找到。这等于是找到了陵墓的大门。

当定陵地宫的大门被打开的一刹那，考古人员回忆道：“地宫里面太寂静了，静得让人心里发慌，一股难以名状的恐怖与凄凉之感渗入骨髓……”

进入地宫，这座富丽堂皇的皇陵地宫的真实面目终于展现在人们的面前。

这是一座全部用巨大的条石砌成的石头宫殿，由5个高大的殿室组成，分别是前、中、后殿及左右配殿。如果将隧道全计算在内，整个地宫总面积近1200平方米。

明万历孝靖太后凤冠：1957年北京定陵出土。中国国家博物馆藏。

考古人员穿过长长的前殿和漆黑的中殿，来到相当于皇帝生前居住的寝宫的后殿。

万历皇帝和两个皇后的棺椁置于后殿的棺床上。移开沉重的棺木，考古人员打开了这位神秘的皇帝的棺椁，其间奢华，可见一斑。这实际上是中国第一个也是迄今为止唯一一个被考古学家打开的皇帝棺椁。

万历皇帝棺内最上层为织锦被，被子下面放有素黄绫制大袖道袍及中衣、龙袍等，其下为缂丝十二团龙十二章衮服龙袍。由于这件衮服是目前所见唯一缂丝服制品，因而更加弥足珍贵。万历皇帝尸体以锦被包裹，身着龙袍，腰佩玉带，头戴翼善冠，足蹬红素缎高筒靴。身下排列几十卷织锦匹料，织锦下面为金锭。

孝端皇后头戴黑纱尖顶棕帽，上插金簪、金钗，上身着绣龙方补黄绸夹衣，下穿黄色缠织莲花缎夹裤，腰系秀云龙纹长裙，足穿黄缎鞋。其身下为织锦缎被和褥垫，其中一件上缀有白枚“消灾延寿”金钱。

孝靖皇后棺中与孝端类似。棺椁之间放有青花瓷及玉料等，上面则放置着木制明器仪仗模型。

据有文献记载，孝端皇后是先于万历皇帝15天去世的。神宗还未来得及安葬孝端便病故。神宗和孝端的后事落到了即位的光宗朱常洛身上。但天有不测风云，在预定的下葬日期之前，光宗又驾崩。此时，皇宫中乱成一团，神宗皇帝的丧礼是在一团混乱中举行的，这从后来发掘的棺床旁的随葬器物上的绳索痕迹可以看出，另外有的木杠还没有撤下。

万历皇帝朱翊钧是明代第13位皇帝，他9岁即位，在位48年，是明代在位时间最长的一位皇帝。而定陵的修建历时6年，耗银800余万辆，建筑相当奢华。地下宫殿规模宏伟，晶莹富丽，古朴典雅，工艺卓绝，历经300余年却片石无毁，坚固异常，依然挺拔着当年的身躯和气魄，不愧为我国古建筑中的一颗明珠。

令人遗憾的是，几经破坏之后，定陵的地面建筑在发掘前已经由原来的富丽堂皇变成了满目凄凉，它以亲身经历连同地下的定陵地宫在向人们诉说着明朝的盛衰兴亡。

帕祖里克冰窖——西伯利亚酋长墓

阿尔泰地区广阔的草原上，曾经驰骋着属于不同游牧民族的马群。这些马背上的民族精于骑射，勇猛善战，他们的铁蹄甚至侵入欧洲腹地，剑指之处，如入无人之境，因而被欧洲人惊恐地称为“黄色瘟疫”。

亚欧草原上草枯草荣，这些如飓风卷过的民族如今早已消失，而1948年在西伯利亚的发现，则意外地揭示了其中一支被称为“西徐亚人”的民族在铁器时代的社会和生活状况。

1924年，在西伯利亚接近蒙古边境的阿尔泰大草原上，苏联考古学家谢尔盖·伊·鲁丹科发现了一个公元前墓葬群，该墓葬群由覆盖着石头的5个大土墩和9个小土墩组成，被称为“帕祖里克墓葬”。

鲁丹科于1929年对第一个大土墩进行了调查，在做好充足准备后，于1947—1949年间又挖掘了另外4个大土墩。这些坟墓建造样式统一，直径在36米到46米之间，在土墩下是一个深约5米的竖穴墓，内有两个套装的松木箱组成的椁室。出乎意料的是，墓葬内部就像一个大冰窖一样，所有的东西都处于冻结状态，这是为什么呢？

原来，古代西徐亚人建造坟墓时力求坚固耐久，因此在将死者安葬在椁室中之后，投入碎石和圆木将整个竖穴墓填满，再在上面堆上厚厚的泥土，然后再铺上一层高约5米的碎石，最终形成一个巨大的石堆。

由于冬季土地坚硬，墓穴一般在温暖的季节开挖。在葬礼后不久，残留在椁室中的热空气上升，使水蒸气附着在椁室中和土墩下的碎石上，然后冷凝成水滴流下去，加上外部侵入的湿气，使得整个椁室充水，并在随后到来的严冬中将墓葬冻结。土墩上的碎石传热性能差，即使气候转暖，外界的热力也难以进入。因此坟墓一旦营建完工，碎石下面的那层泥土，便几乎立即变成永久层，保护着下面的“冰窖”。

西徐亚（斯基泰）阿泽斯一世（勇狮像）铜币：广州博物馆藏。

鲁丹科在帕祖里克最激动人心的发现，就是2号墓中一位文身的古代酋长。

当椁室打开时，鲁丹科激动地意识到，他即将面临毕生最伟大的考古发现：

墓中所葬尸体完整，毛毯织物颜色依旧鲜艳，此外还有珠宝、乐器等大量随葬品，就是那些易腐烂的物品也大致得以保存下来。令人难以相信这些物品来自2000多年以前的铁器时代！虽然这座墓室也曾有盗墓贼潜入，但大概由于冻结得过于坚硬，墓葬受到的破坏较小，剩下的东西足以使鲁丹科对铁器时代一位西徐亚部落酋长的生活有所了解。

在悬挂着毡毯的墓室里，这位酋长身着用大麻织成的上等外衣，与妻子合躺在由挖空的落叶松制成的棺木中，棺木上装饰着皮革剪出来的鹿。死者身高1.76米，体格健硕，他微弯的腿骨则是长年骑马留下的痕迹。他的死状可怖，头骨被战斧击穿，头皮也被剥去，鲁丹科由此推断，他可能是在战斗中阵亡的。

尽管尸体全身涂了防腐香料，可是冰冻的速度仍不足以完全阻止腐烂现象。幸运的是，身上的文身大部分仍然清楚可见。对西徐亚人而言，文身是值得崇拜的东西，是经过痛苦取得的地位象征。因此，这位西徐亚酋长的手臂、大腿和躯干大部分地方都布满了文身，图案充满想象力和独特的艺术风格：长着猫尾和带翅膀的动物，身体像蛇的鹰头狮，甚至还有长了鹰嘴的鹿。

在此墓及附近墓中发掘出了很多随葬品，它们显示了死者显赫的地位和铁器时代西徐亚人社会的富有。其中有数量众多的陪葬马匹，包括缰辔、马鞍和马头装饰物在内的马具，盔甲以及被盗墓贼遗漏的大量毛皮和珠宝。家居用品也一应俱全，鲁丹科在墓穴里发现了盛着几滴发酵马奶的几个泥瓶和一袋乳酪，大概是供死者夫妇登天途中享用的。至于供死者作精神慰藉的，则包括一具残缺不全的竖琴和一袋大麻种子。有趣的是，在男尸头部旁边，还有一把人发制成的深栗色假胡须。

最令人吃惊的是，在墓中还发现了来自中国的丝织品、玉器、漆器、铜镜和青铜器等物，它说明早在汉代丝绸之路之前300年，这些骑马的牧人就已经和中国有了接触，从而为我们提供了当地居民同外来民族来往的重要信息。

“死亡地窖”
——乌尔城的皇家陵寝

在伊拉克首都巴格达东南约300公里的穆盖伊尔，有一片荒凉的沙漠地带，其中零星点缀着几座被风蚀的小土丘，谁也不知道它们在那里有多少年了。

1854年，一位名叫T·E·泰勒的英国外交官在这里发现了一座苏美尔时期的大型神庙遗迹，并找到了一些刻有楔形文字的圆筒状小陶器，上面的铭文表明，这片沥青土丘就是世界上最古老的城市之一——乌尔的遗迹。

1922年到1934年，由伍利领导的不列颠博物馆与美国宾夕法尼亚大学联合考古队，对乌尔遗址进行了大规模的系统发掘。

他们挖出了一个公元前1800年左右的完整城区，城中心由城墙围绕着，墙内有金字塔形神庙，还有宏大的宫殿。

此外他们还发现了乌尔作为乌尔第三王朝首都时，著名国王乌尔纳姆修建供奉月神南纳的山脉状神庙的证据，并追查到神庙在公元前6世纪纪曾被新巴比伦国王尼布甲尼撒二世改造过。

在接下来的四年里，为了对这片墓葬地层有更多了解，伍利耐心地编构乌尔历史大纲。它记录着时间跨度为5000年的土层情况，从公元前5500年出现史前定居点开始，到公元前400年由于幼发拉底河改道，摧毁了城市灌溉系统，导致乌尔最终被遗弃为止。

正式的发掘工作在1927年终于开始。

调查显示墓地包括不同时期的两片独立的埋葬层。上层属于公元前2350—前2150年左右的阿卡德时代，下面的墓地则可上溯到苏美尔早王朝晚期。伍利发现了1850座坟墓，其中有16座属于王室陵墓，他仔细地用皮尺和罗盘标绘出了所有墓穴的位置，无论贫富都一视同仁。

发掘表明，平民的坟墓是简单的长方形，大部分墓中只有一两件随葬陶罐，尸体要么裹着席子，要么躺在木质、土质棺材或芦苇编筐里。

王室陵墓则被建成带拱顶的地下墓室，进入其中需要经过一个坡道或深坑，它们属于公元前2500年左右统治乌尔的王室成员。可惜的是，除2座王陵外，所有的坟墓在千年以前就被盗墓贼光顾过。即使是这样，经过伍利小心翼翼的发掘，仍然找到了一些窃贼遗漏的、价值连城的苏美尔艺术品，如带有牛头装饰的黄金竖琴、锋利的天青石手柄黄金匕首、银质船模等，其中最著名的则是在普阿比王后墓中发现的由金叶编织成的精美后冠以及“乌尔的旗帜”，后者是一块用珍珠母和天青石装饰的镶嵌板，描绘了战争与和平的景象，再现了古苏美尔的社会生活。

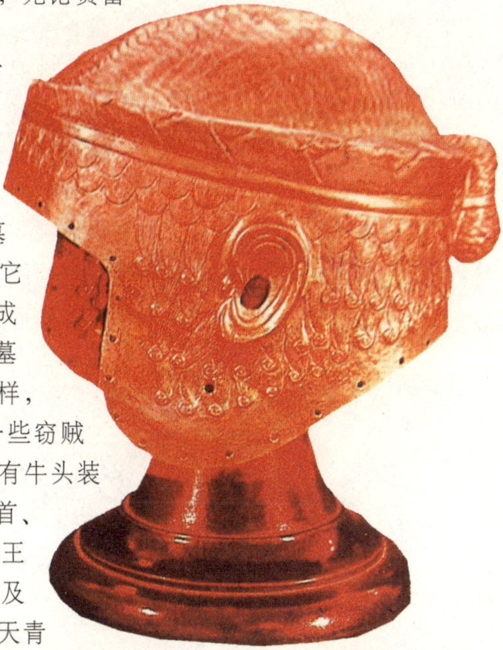

黄金头盔：伊拉克乌尔城出土。

更令人震惊的发现接踵而来。

当发掘人员打开王后普阿比的坟墓时，人们发现，通往墓室的整条道路简直就是一个死人坑，到处是被杀死后殉葬的卫兵、侍从和动物的尸体，一位女性临死时手还放在竖琴弦上。

在1928年至1929年的发掘季，伍利又发现一座王室要人的陵墓。其相邻的死人坑装有不下74具尸体，其中有64位从头到脚身着鲜红色礼服的女性，她们的尸体整整齐齐地排列成数行，看起来“像一块装饰着宫廷妇女的柏树叶头饰的金地毯”。

伍利的发掘工作意外地将乌尔古老的丧葬礼仪重现于世。

盛装的陪葬者衣着和配饰并不相同，从奴仆到贵族，甚至还包括了王室成员。他们没有挣扎的迹象，妇女们所佩戴的精致的羽毛头饰也没有散乱，表明这些殉葬者是相当平静地接受死亡的。每一具尸体旁都有一个杯子，伍利由此推测，殉葬者们在各就各位之后便喝下杯中的毒药，然后躺下等待死亡。随后地下墓穴被关闭，以保障殉葬者能与他们生前服侍的主人一同离去。也许是某种死后重生的信念，才令他们像赴盛大庆典一样去勇敢面对死亡。

在现代人看来，这些仪式可能残忍且令人震惊，但从另一个角度看来，乌尔的王室墓地表明了早在公元前3000年，两河流域已出现了高度的城市文明：建制完好的军队、社会等级分明、艺术家和工匠能够创造出精美绝伦的作品、商人从事境外贸易，事实上，乌尔的文化生活作为苏美尔文化的一部分，如高超的手工技艺和“乌尔纳姆法典”等被历代的巴比伦人、亚述人、波斯人以及其他古人继承下来。

梦断沃基纳
——腓力二世的豪门恩怨

沃基纳位于萨洛尼卡城西南64公里，是希腊北部的一座小镇。

1855年，法国考古学家利昂·胡泽依在当地旅行时，偶然发现了一大片古代王宫遗址，经过考古发掘，人们发现沃基纳实际上是马其顿人首都埃盖的所在地，关于早期马其顿历史的研究序幕由此展开。

提起马其顿，人们自然会联想到马其顿国王亚历山大的非凡成就。亚历山大被认为是古代世界最伟大的征服者，短短13年时间，就建立起一个横跨三块大陆的大帝国，其富有传奇性的一生更是成为人们津津乐道的话题。

然而亚历山大实际上只是一个继承者，帝国的真正奠基者则是其父腓力二世。

在腓力15岁时，马其顿只是希腊北部一个贫瘠落后的小邦。作为幼子，他被送到底比斯作为人质。生活的磨难将他磨练成为一位能力卓越、目光远大之人。

回到马其顿后，18岁的腓力经过一番艰苦征战，平息了内乱，在公元前359年登上王位。登基后，他进行了一系列的军事、财政改革，使马其顿一跃而成为军事强国。

公元前338年，他亲率大军与希腊盟军进行决战，大获全胜，整个希腊都匍匐在他脚下。紧接着，他把目光投向了波斯。然而，招兵买马正在紧锣密鼓进行时，意外发生了：

《亚历山大之役》：木版油画，阿尔布莱希特·阿尔特多弗绘，慕尼黑老绘画馆藏。表现的是公元前333年，马其顿国王亚历山大在伊苏斯城大败波斯王大流士三世。

公元前336年，马其顿公主克列奥帕特拉与伊庇鲁斯国王在埃盖举行了盛大的婚礼。婚礼宴会后，人们都来到王宫附近的圆形大剧场，准备参加黎明前举行的祭神活动。当46岁的腓力在儿子和女婿陪同下，从剧场东道走入时，支持西马其顿独立的贵族青年鲍萨尼亚斯突然冲上去，拔出短剑刺入腓力二世的心脏。

从此，这位一心致力于开疆拓土的君主再也无法踏上他国的土地，只能抱憾长眠于地下了。

令人遗憾的是，有关这位伟大帝国建构者的历史却一直得不到证实。

直到1972年8月，希腊考古学家马诺里斯·安德罗尼科斯在沃基纳的重大考古发现，才使长期湮没在传说中的马其顿早期历史终于回到尘世。

在沃基纳有一座高约14米，直径110米的大土墩，蒿草遍布，瓦砾掺杂，传说是国王的葬身之处。这座“伟大的古墓”，引起了马诺里斯的注意。

但是，这个土墩在古代就已经被盗墓贼光顾过了，随葬品及其他古代文物几乎完全丧失，只剩下一幅状况尚可的壁画。墓室的主人是谁？没有留下任何可循的线索。

事情不久发生了戏剧性的转折，在这座墓的附近，人们很快又发现了另外一座造型优美的拱顶墓。墓门是多立克柱式门廊，上方横楣上还留着猎狮图壁画的残迹，这是马其顿王室酷爱的休闲活动。陵墓大门出人意料地没有被触动过的痕迹，也就是说，这很可能是一座完整的古墓。

古代盗墓贼惯用的伎俩此时派上了用场，考古学家们移走拱顶的拱心石，进入了陵墓内部。

借着手电筒微弱的光线，安德罗尼科斯发现，这是一间面积为4.46平方米的房间，房间一端放着白色大理石棺。由于石棺前装饰着象牙和玻璃的豪华睡榻已经腐烂，大量的随葬品散落下来，包括一个黄金和象牙镶嵌的精美盾牌、刻有雅典女神和8个狮头浮雕的盔甲、金箔包裹的护胫、鞋履以及各种金银器皿。

然而最重要的发现物之一则是石棺内的物品。那是一只长方形的纯金盒子，长40厘米，宽33.5厘米。盒内盛着一具火化后的骨骸，用紫色锦缎包裹着，上面还覆盖着一顶橡树枝式的纯金王冠。箱子的四足呈狮爪形，四壁装饰着玫瑰花、棕榈叶和藤蔓等图案，玫瑰花瓣内镶满了宝石，黄金的光泽和宝石交相辉映，显得异常华美。

马其顿国王腓力二世：腓力二世（公元前359—前336在位），亚历山大大帝之父。这是取自一枚金币上的头像图案。

最吸引人的是盒盖上刻着的一颗光芒四射的星星，这是马其顿王室的特有徽记。纯金王冠以及大量的王室日常用品，都证实了死者的国王身份。这陵墓肯定是一位马其顿国王的，但到底是谁的呢？

墓中绘于公元前4世纪中叶的壁画和一对假腿卫兵的青铜像，给了马诺里斯·安德罗尼科斯灵感：据记载，腓力二世曾在战斗中因伤致瘸。

体质人类学家对遗骨的测定肯定了他的猜测，墓主是年约40岁的男性，一只眼睛上有明显伤痕。据记载，腓力二世在攻打梅素恩城的战斗中右颊中箭，被迫挖掉了右眼。

此外，由于亚历山大必须立即赶往陪都皮拉平息国内异己力量，腓力二世是匆忙下葬的；对墓室的研究发现，墓室内壁仅涂抹两层灰膏，表面粗糙，显然是在仓促之中施工的结果。考古遗址发现的一切都与传说和记载相吻合，至此，安德罗尼科斯终于可以郑重宣布，沃基纳的墓主正是传说中的腓力二世！

“黄肠题凑”
——轰动京华的帝王葬制

“黄肠题凑”是古代墓葬的一种葬式，只有帝王和诸侯王级别的才可使用，是古代等级制度的一种表现形式。“黄肠题凑”是用柏木堆垒成的框形结构，后来逐渐发展成为木构地宫。所谓“黄肠”，即柏木黄芯，应为去皮后的柏木。“题凑”即木头的头部按一定方向聚集在一起。它是一种葬式，始于上古，多见于汉代，汉以后很少再用。

根据汉代礼制，“黄肠题凑”与玉衣、梓宫、便房、外藏椁同属帝王陵墓的重要组成部分，是帝王身份的标志。此外，经朝廷特赐，个别勋臣贵戚也可使用。如汉霍光死后，汉宣帝“赐梓宫、便房、黄肠题凑各一具”。

惊世发现源于一个电话报告，1974年6月，文物局的前身——北京市文物管理处接到一个电话，是北京勘探处的一个工人打来的。

他说，他们在大葆台钻探时，打出了木炭和灰色泥土。这些工人是为东方红炼油厂工作的，出于战略上隐蔽的考虑，他们想利用大葆台这个高土堆的地貌埋几个蓄油罐。

当时，长沙马王堆汉墓刚刚发掘完毕，媒体全面介绍，马王堆汉墓是用木炭、白膏泥保护墓室的，工人们正是联想到这一点，分析这有可能也是个墓葬。

大葆台汉墓“黄肠题凑”：“黄肠题凑”是中国古代特有的一种葬制形式，它与玉衣、梓宫、便房、外藏椁同属帝王陵墓中的重要组成部分。“黄肠”是指黄芯的柏木，“题凑”是指题头向内拼凑而成的结构，即是以木代砖，在棺外垒墙围之。北京首都博物馆藏。

接到电话，北京市文物管理处非常重视，请工人们做好现场保护，立即派专业人员赶赴现场。经初步判断，这是一处古墓。又请勘探处的同志补探，在同一层位上又打出木炭和白膏泥，除此之外，工人们又打出一块带漆的木头，后来证实，这就是放在墓室里的漆榻，是燕王起居宴乐的坐榻。此外，钻探工人还打出一枚五铢钱，五铢钱在汉武帝时期发行，据此可以认定，这是一座西汉墓！

挖掘开始，专业人员先把封土堆切下一块，形成剖面。这样做的目的是推测封土下面墓穴的情况。当年修墓时封土是一层层夯实的，所以剖面可以看出土层。剖面一出来可不得了，土层像一口锅的剖面，中间低，两边高。当时就推测，墓已经塌了。因为墓塌了，所以土也随着下陷。

挖下去一看，果然如此，四面的黄肠题凑都向外倒了，上面的顶子压下来，棺材盖和底都合上了，棺帮也全都向外倒下来。棺材里的人已经被拉出来了。当年的盗墓贼在棺材一头挖了一个洞，本来人应该是头朝北、脚朝南躺着的，结果尸体在棺材外，头东脚西地躺着。人们发现，尸骨脖子上还有一段丝绳，分析可能是盗墓贼用丝绳把它拉出来的。尸骨上肌肉已经没有了，只剩下了骨架。按骨头摆列的情况看，基本上还是原状，估计当时拖尸时还有肌肉。

古人在造墓时想了很多办法，利于物品的保存。棺室外围用木炭、白膏泥一层层包起来，就是为了防止空气和水分进入墓室，造成尸体腐烂。长沙马王堆出土的汉代女尸就是因为保护较好，没有被盗，尸体肌肉仍有弹性，连身上的衣服都完好无损。大葆台墓被盗墓贼挖出一个洞，墓室进了空气，尸体的肌肉肯定不会留下了。

大葆台汉墓首次发现黄肠题凑，挖掘过程当中的好些事情是不可预料的。挖着挖着就碰到了好些木头。这些木头大小都一样，表面有黄色树脂油，仔细闻还可闻到木香。在以前的古墓发掘中从来没有见过。北京市文物研究所前所长于杰翻阅大量历史资料，认为这就是《汉书》上记载的“黄肠题凑”。

根据史料，汉代有一种葬制，只有天子才能享受，这就是“梓宫、便房、黄肠题凑”。天子可以把这种待遇赏给宠臣。“黄肠”就是柏木的黄芯，“题凑”就是木材的端头都一致向内。黄肠题凑像一圈厚木墙在棺椁外围，如果站在墓室中向四壁看去，所见全是方条木的端头。这些“黄肠”都是90厘米长，木头断面为10×10厘米见方，像码柴火一样整整齐齐地码成一堵墙。

一号墓黄肠题凑木墙高3米，厚0.9米，总长42米多，共用柏木枋15000多块，约合木材122立方米。各层黄肠木之间没有榫铆固定，但堆垒得十分坚固，项端用压边木加固。

谜团之一：墓主究竟是谁至今无法确定。北京地区自商周以至春秋、战国，一直叫做燕国。秦始皇统一全国后，改立广阳郡。西汉仍在这里设燕国，国都设在蓟城，就是今天北京的西南部。燕国共有12名燕王，大葆台一号墓的年代初步推断在公元前117年至公元前45年，专家们结合使用排除法，判断墓主人应为燕剌王刘旦或他的儿子广阳倾王刘建。刘旦因为谋反被赐死，据《水经注》记载，他的墓为戾陵，位于梁山，据考梁山就是今天的石景山。因此，当年专家推测大葆台一号墓不是刘旦，而是2000多年前去世的西汉广阳倾王刘建（公元前73年至前45年）。

黄肠题凑墓室内景：北京大葆台西汉墓博物馆。

谜团之二：墓室内部结构是否为三梁四柱。因为大葆台一号墓墓顶坍塌，有些木构件也脱离了原位，因此顶部结构原貌不得而知。专家根据出土的遗物、遗迹和文献的记载，推测前室顶子是三梁四柱的样子，把顶子做了复原，但是否肯定是这样，专家也不敢保证。

谜团之三：出土的残缺器物的用途是什么。大葆台汉墓的有些器物因为出土时残缺不全，专家们难以定名，其用途也无法作出判断，这些器物包括有陶器、漆器等。现在陈列在大葆台博物馆的“盆形器”、“云龙纹残漆器”，都是因为这个原因无法定论。

谜团之四：个别黄肠木顶端为何画有墨线。在大葆台一号墓中发现的黄肠题凑，有个别黄肠木的横断面是10×20或20×20，但端头都有分割的墨线，不知是因为偷工减料，还是什么其他原因。

象岗南越王——青史不名的国王冢

古南越国的疆域，大致包括今广东、海南、广西三省区和越南的北部，都城为番禺（今广州）。南越国的创建者赵佗曾是秦始皇平定岭南的一员战将，后任南海郡龙川县县令。公元前204年，赵佗发兵兼并桂林郡和象郡，建立南越国，自称南越武王。南越国自赵佗起，共经历5世93年，公元前110年被汉武帝的南征大军剿灭。文献记载，南越国第一代王赵佗在位67年之久，但赵佗长眠何处一直是个谜。广州市考古队从20世纪50年代起就开始寻找南越王墓，考古队员苦苦地追寻终于在象岗有了回报。

象岗横亘在广州市区北部，是越秀山最西端的一座小山，因其远看像一只卧象，故得名象岗。1983年5月，久被遗忘的象岗成为广东省城建局的职工宿舍选址。施工一切顺利，就在人们热切期盼工程加快进度之际，挖掘机却停止了轰鸣，整个工地顿时平静下来。直到有一天，荷枪实弹的警察将工地封锁，很多专家模样的人纷纷涌到象岗工地，人们才知道：象岗发现了一座古墓，规模很大，规格很高。很快，一份报告呈报至北京国家文物局：广州发现一座西汉时期大型墓葬，已经遭到施工破坏，必须立即进行抢救性发掘……

西汉南越王赵眛之墓的墓室入口：广州西汉南越王博物馆。墓室建筑面积约100平方米，仿阳宅形制建造，坐北朝南、前朝后寝，分前后两部分，分别由石门隔开，石门上分别有兽首鎏金铜铺首，具有装饰和镇墓的作用。

南越王墓平面呈“凸”字形，自南而北由墓道、前室、东西耳室、主室、东西侧室和后藏室共7室组成。7室相互连通，前室与墓道、主棺室与前室各设石门，其余各室间均设置有木门，墓室总面积100平方米。

南越王墓棺椁内的空间虽小，但出土的随葬品却很丰富。椁面四角各置一块玉璧，椁盖板上还放有成捆的箭镞、铅弹丸、弓弩和铜车饰。棺椁之间在棺前棺后分别形成“头箱”和“足箱”(离墓主头、足部较近的棺椁间放置的物品)。“头箱”内平置2个大漆奁，一奁盛满珍珠和大玉璧，一奁装盛有钻凿痕迹的龟板。“足箱”内放置有大量陶璧，还有一个珍贵的银盒。棺内出土了一套玉衣殓服，玉衣上面在胸腹间分3组共放置9件印章，最为珍贵的是“文帝行玺”金印、“泰子”金印和“右夫人玺”金印。

“文帝行玺”金印，呈方形，蟠龙钮，印台长3.1厘米、宽3厘米、高0.6厘米、通钮高0.6厘米，重145.5克，含金量98%强。印面呈田字格状，阴刻“文帝行玺”四字，小篆体，书体工整，刚健有力。钮作一龙蜷曲状，龙首尾及两足分置四角上，似欲腾跃疾走。这枚金印系由南越国自铸，铸后局部又经利刃凿刻而成。出土时印面漕沟内及印台四周壁面都有碰痕和划伤，并遗留有暗红色印泥，显系长期使用所致，说明金印是墓主生前的实用印。

据文献记载，秦汉时期的礼制规定，只有皇帝、皇后用印才能称玺，其他臣属的印不能称玺。皇帝用玺非止一种，如有皇帝之玺用于赐诸侯王书(多佩戴)，皇帝行玺用于封国，皇帝信玺用于发兵(后两种玺印收存在符节台，非随身佩玺)，天子之玺用于册封外国，天子行玺用于召大臣，天子信玺用于事天地鬼神。帝、后玺皆白玉质，螭虎钮。

在传世以及发掘出土的大量秦汉印章中，皇帝玺尚未见一例。《封泥考略》一书中著录有“皇帝信玺”封泥，可知当时确有皇帝信玺，与文献记载相符。“文帝行玺”金印，是考古发掘出土的第一枚帝印，也是西汉最大的一枚金印，可确定墓主是第二代南越王。

“泰子”金印的印台长2.6厘米、宽2.4厘米，通钮高1.5厘米，含金量98%强，重74.7克。印文阴刻小篆“泰子”二字，有边框和竖界。印系铸制，又经局部凿刻而成。印面光平如镜，铸制工艺比“文帝行玺”印更为精致。

“右夫人玺”金印，印面方形，边长2.15厘米，通高1.5厘米，重65克。龟钮，腹中空用于系绶。铸制。阴刻篆文“右夫人玺”，有边栏和十字界格。字体较“文帝行玺”与“泰子”自由，刻工仍不失为古代印章中的精品。

南越王墓是岭南地区发现规模最大、年代最早、出土文物数量最多的一座彩画石室墓。墓中出土的随葬品异常丰富，共有金银器、铜器、铁器、玉器、陶器、漆器、玻璃器、丝织品等十几类千余件，其中不少是首次发现，具有重要的历史、科学和艺术价值。

图坦卡蒙陵墓
——“帝王谷”的秘密

位于尼罗河中部的底比斯，是4000多年前古埃及中王朝和新王朝的国都。

古埃及人相信死亡即是在另一个世界的新生，因此法老们的葬礼也极尽奢华之能事。他们在底比斯西面绵延的崇山峻岭之中建造了豪华的安息之所。陵墓修造得极其隐蔽，墓成之日，所有的建造者都被杀死，防止陵墓的位置泄露出去。从第十八王朝首位法老毕班·埃尔穆鲁克在此为自己建造第一座奢华的隐蔽陵墓开始，历经500多年，这里形成了一片连绵不绝的王室墓葬群，被称为“帝王谷”。

然而，价值连城的随葬品是对盗墓贼最有诱惑的邀请，底比斯一带的帝王陵墓没有一座免于被盗。1900年，一位英国考古学家在泽尔王妻子墓室的洞中发现了这位王后的一条手臂，包裹依旧完整的手臂上

帝王谷：位于埃及尼罗河谷卢克索。

面，还戴着一只贵重的紫水晶和绿松石的臂镯，显然，盗墓贼正在王后木乃伊搜寻陪葬品时出现意外，仓促中把这条刚刚肢解下来的手臂藏在了洞中。

对于考古学家们而言，“帝王谷”神秘的王陵也是极富吸引力的。1914年，英国考古学家卡特和卡纳冯勋爵也来到了底比斯“帝王谷”。在卡特和卡纳冯之前100年，拉美西斯一世、西索斯一世、厄耶和门图海克佩什的陵墓就已经被发掘过了。帝王谷中的砂子似乎都已被人一粒粒地翻转过，筛净了，谷里遍地是大堆的挖出的碎石，碎石间敞开着陵墓的入口。

在签署批准卡纳冯勋爵开发帝王谷的文件时，埃及文物管理局长马斯皮罗坦率地说，他认为这块墓区业已挖掘干净，现在再去调查研究纯属浪费时间。事实上，直至1922年11月以前，卡特和卡纳冯的发掘进程的确毫无进展。

然而，机遇往往就在绝望中出现。

1922年11月4日，工人在拉美西斯二世墓旁挖出了一个浅浅的台阶。当夜幕降临时，一条凿在岩石上的16级台阶，将人们引向一道刻有古代王室守墓神印记的灰泥门桅，门上的象形文字写着“图坦卡蒙”的名字。

这是一个法老的陵墓！

墓室内尽管凌乱，但是仍保存完好，里面堆满法老的随葬品。在强光电灯照耀之下，人们看到包金战车，一人高的法老雕像，饰有巨大镀金狮子和怪兽的卧榻，盛满食物的箱子，里面装着早已变质的煎鹅、鸭子、火腿、面包等。在一些镶嵌黄金和象牙的木箱中，存有大量金银器和首饰，包括金指环、项圈、宝石、手镯和象征权力的金权杖。简直就像一座奢华的东方古董店。

看得出盗墓贼曾经闯入这里，但他们显然被守墓卫士发现了，只得顺手将赃物放下。卡特甚至看得见他们留在尘土中的脚印。

然而，这里却没有卡特最想找的东西——法老的木乃伊。

1923年2月7日，密室的门被打开。在场的人都被眼前的景象惊呆了。

一个硕大无朋的棺椁几乎占满了整个房间，长17

法老图坦卡蒙的黄金面具：面具高54厘米、宽39.3厘米，底比斯帝王谷出土，开罗埃及博物馆藏。

英尺，宽11英尺，高9英尺。棺椁全部用黄金覆盖，四面镶着鲜艳的蓝釉饰板，上面有各种宗教象征图形，旨在保护死者。在黄金外棺四周，女神伊西斯和塞尔凯特伸出她们的手臂，面带热情和祈求的神态，护卫着法老的遗体。

棺内的安放形式宛如俄罗斯套娃——三个装饰着大量浮雕的黄金棺材一个套一个，最里面的是一口雕刻精美的黄石英岩棺，棺的下端有一尊张开双臂和双翅托住棺脚的女神。

当人们小心翼翼地用绞车吊起石棺盖时，惊讶地发现，里面又是三个套着的人形金棺，纯金制成的耀眼内棺上写着法老的名言：“我看见了昨天；我知道明天。”

躺在棺内的图坦卡蒙戴着一副很大的金面具，这副面具和他本人的相貌一模一样，看上去这位法老是一位英俊而有教养的青年，表情显得既悲伤又静穆。法老的木乃伊由薄薄的布裹缠着，浑身布满了项圈、护身符、戒指、金银手镯以及各种宝石。其中还有一把当时极为罕见的铁剑。

令人印象最为深刻的，是法老胸前一束小小的，已经干枯的花环，大约是年轻的王后在葬礼的最后献上的。

埃及法老图坦卡蒙陵墓的发现，使人们了解到古埃及新王国时代法老殡葬的真实情况，是20世纪最伟大的考古成就，也是考古史上一个重要里程碑。它结束了长久以来那种散漫、盲目的猎奇式工作方式，使考古工作真正进入了严格的科学研究时代。

抚琴观永陵——帝王露真容

四川省成都市老西门三洞桥附近(今羊市街西延线)，耸立着一座高大巍峨、形同小山的夯土堆。很久以来，人们习惯称它为“抚琴台”。

传说抚琴台是西汉大辞赋家司马相如与卓文君在成都的居住之地。相如路经临邛，得遇富豪家寡妇卓文君。相如以琴歌挑动文君春心，才子佳人，遂演绎出一段当垆卖酒、蔑视礼教、忠于爱情的千古风流佳话。

1940年，为避日机轰炸，人们在抚琴台边挖掘防空洞，无意中掘到了坚实的砖砌体，考古学者推测是一座墓葬。1942年经著名人类学家冯汉骥教授等考古发掘，发现相传已久的相如琴台，却原来是五代十国时期前蜀国开国皇帝王建的陵墓。

王建出生于今河南省舞阳县一贫民家庭，青年时期曾沦落江湖，后投效唐朝军队，以军功晋升为将军。903年受封为蜀王。907年唐朝灭亡后，因号召恢复唐室未获响应而割据今四川省大部、重庆市、湖北省西部、陕西省南部及甘肃省东南部近60万平方千米疆域，承袭唐朝礼制，建立了蜀国(史称前蜀)。918年7月，王建病逝，享年71岁。

按古代礼制，帝王葬所都要取一个“陵号”。王建葬所的陵号就叫“永陵”。称“陵”而不称“墓”，乃是帝王葬所的专称。山陵高大喻其地位崇高，故帝王之死有“山陵崩”之说。而陵号取“永”字，自是寓有长久之意。

前蜀永陵地宫为平地起建，以14道红砂石券拱砌成肋拱构成墓室内墙、券顶，外层则采用了数万块特制大型青砖券拱，以石灰作黏合剂，券拱顶部垒土为冢。地宫全长30.80米、内进深(长)23.40米、内空高6.40米、宽6.10米，分前、中、后三室。

地宫中室安置着王建棺床。棺床为石质须弥座式，顶面铺白色及绿色珉玉板，床上置棺椁。据保存下来的棺椁痕迹推测，原棺椁为内外五重，是中国现存可见到的按照周代礼制规定汉唐以来唯一的皇帝棺椁遗迹。

棺床腰部四面皆深浮雕壶门，每门内雕一位伎乐，共计2位舞伎、22位乐伎手持20种23件乐器，这就是著名的前蜀永陵“二十四伎乐”，它是迄今所发现的反映中国唐代宫廷乐舞最完整的宫廷乐队浮雕。乐伎们使用的乐器包括琵琶、觱篥、竖箜篌、笙、笛、排箫、正鼓、和鼓、齐鼓、毛员鼓、羯鼓、扎靴牢、鸡娄鼓、铜钹、贝(海螺)、拍板、筝、篪叶，前16种乐器属于唐代最流行的龟兹乐系统乐器。

谥宝

古代帝王陵墓中随葬的刻有帝王谥号的玺印。始于唐武则天时，已发现的帝王谥宝有前蜀王建永陵谥宝、明神宗定陵谥宝等。

棺床左右两侧有12尊双手作扶棺状的力士半身石雕像，皆顶盔掼甲、圆睁双目，面部表情及扶棺身体姿势皆各不相同，表现出众力士紧扶沉重棺床倍感吃力的场景。“二十四伎乐”浮雕及“十二力士”石雕像，承袭了唐代人物雕塑风格，是唐末五代时期难得的艺术杰作，在音乐艺术史上更留下了弥足珍贵的文物资料。

地宫后室后部建有仿王建生前所居御床而建的石床。石床正面浮雕、镂空雕云龙戏珠、蹬狮等图案。石床中央置王建石雕像。王建端坐于绣凳上，头戴黑幞头，身著赤色袍服，双手合于袖内。王建宽面高颧、浓眉深目、方颐薄唇，整个形象为一英武威严的老者，是我国古代保存下来的唯一皇帝真容石雕像，乃是“国宝”级文物。

玉谥宝：五代前蜀时期文物，1942年四川成都王建墓出土，四川博物院（原四川省博物馆）工艺美术馆藏。

在永陵地宫中还出土了许多极为珍贵的文物。如出土于王建棺内的国宝级文物玉大带、一级文物谥宝、谥册、哀册，等等。玉大带为7挎，每挎上皆浮雕龙纹，铊尾上刻铭文。制作此大带的玉石发现于王建永平五年(915年)11月蜀皇宫大火之中，众人认为大火能使玉石俱焚，而此玉于烈焰之中安然无恙，必是王建的圣德感动了上天，王建认为是天生神物，故命玉工制成玉大带。王建谥宝出土于王建石像前，玉质，钮作兔头龙身，谥宝印面刻“高祖神武圣文孝德明惠皇帝谥宝”14字，与史书所载王建谥号一致。谥宝钮作兔头龙身与史书载王建生肖属兔、登皇帝位时有谶语称“兔子上金床”相符。正因为如此，谥宝亦作兔头龙身钮，其造型在中国历史上皇帝玺印大宝中亦属独一无二。

第七章　废都揭秘

废都揭秘

汉梯沙——赫梯文化的见证

公元前17世纪，一个名叫赫梯的强大帝国在土耳其的安纳托利亚迅速崛起。

赫梯人有一套高效的行政体制和严格的法律。他们掌握了先进的冶铁技术，但帮助他们取得强国地位的，是快速战的发明。他们对传统的牛拉战车进行了改造，用马取代了行动迟缓的牛，然后又将实心车轮改为车辐形式，大大减轻了战车重量，提高了灵活性。凭借着这种作战方式，在短短200年间，赫梯帝国横扫了安纳托利亚的大部分地区，摧毁了古巴比伦，征服了叙利亚和黎巴嫩。

在持续了5个世纪的繁荣后，灾难降临了。仅仅几年时间，旱灾和外来的入侵使得这个盛极一时的帝国突然消失了。

但是就在一个世纪以前，我们对这个强盛的民族还几乎一无所知。赫梯人在历史上似乎没有留下任何痕迹，以至于有的学者甚至怀疑这个民族是否真正存在过。

1834年，法国建筑师兼文物古董商查里·特克斯尔无意中找到了通往这个神秘民族的大门。

为了寻找罗马人建立的一个被称为汰纹的古遗址，特克斯尔来到安纳托利亚，他一个村一个村地打听寻访，最后来到北部一个叫做巴卡科依的小村（今博阿兹柯依）。

在村民的帮助下，他发现了一片静卧在山边的古遗址。遗址大约有300英亩，部分残留的古城墙依然挺立着，两条宽阔的道路旁还留有石狮和狮身人面像。

但是，很快特克斯尔发现有些不对劲。因为眼前的这片遗址是这样的宏伟，不仅规模远远超出预料，而且宏大粗犷的风格也与资料中所载的汰纹完全不符。

埃及人的双人双轮战车（左）和赫梯人的三人战车（右）对阵：埃及阿布辛拜勒神庙浮雕。描绘法老拉美西斯二世与赫梯军队在叙利亚卡叠什交战的情景。

正当特克斯尔极度困惑的时候，村民们告诉他：“从这里往东北方向走，那里的大山里有和这个差不多的亚赛尼卡亚。”

“什么是亚赛尼卡亚？”

“意思就是‘有雕刻的石头’。”

在山道上跋涉了一个多小时之后，前方出现了一座高大的石灰岩山，山体上有着深深的天然裂缝。在村民带领下，特克斯尔从裂缝中往里行进，里面别有玄机：一座庞大的神庙建筑出现在宽阔的岩缝里。回廊旁边的岩壁上还刻有几十个呈两行排列的人物肖像浮雕，他们大多头戴圆锥形帽子，手里还握着弯刀。

“不对，这里不是汰纹！”他做出了判断，“这里的建筑跟罗马帝国时期没有任何关系。”

1906年8月20日，解开巴卡科依之谜的钥匙，被德国柏林大学巴比伦和亚述楔形文字专家雨果·温克勒找到了。

那天，挖掘工人把一块刚找到的楔形文字泥板交给了正坐在树荫下乘凉的温克勒。温克勒只看了一眼就愣住了，一阵狂喜突然紧紧攫住了他，他清楚地知道这块泥板有多么重要，用他的话来说，“与之相比，我以前的任何工作或经历都变得毫无价值了。”

原来，在那片泥板上，记载着公元前1270年埃及法老拉美西斯二世和赫梯国王赫突斯里共同签署的一项和平协议。此前，用埃及象形文字书写的这一协议在埃及卡纳克一座神庙的墙上被发现。现在找到的这片泥板，应该就是协议的另一个副本。这就证明了赫梯帝国的确是真实存在的。

不仅如此，如此重要的文件一般都应该保存在皇家档案馆里，这就是说，巴卡科依实际上就是公元前16—前12世纪赫梯帝国的首都汉梯沙！

20世纪50年代以来对汉梯沙的考古发掘取得了令人满意的成果。

古都按地势高低分为两个部分。位于西北部的低地，建有赫梯帝国最大的建筑物——第一神庙。它建于公元前14世纪，占地5英亩左右，是一座构造复杂的建筑。根据1962年在神庙储藏室找到的碑铭记载，它供奉着赫梯最高神明——风暴神和太阳女神。神庙四

赫梯气象之神石雕：气象之神一手握雷槌，一手握锯齿形闪电棒，腰间挂着一把剑。

周有文书库和储存库。西南面的“铭文巨石”上，刻有赫梯末代国王修皮鲁利乌麻二世时期的铭文。

截至1912年温克勒去世前，他已经在汉梯沙找到了10000多片赫梯泥板，但直到1915年，捷克学者贝德日赫·赫罗兹尼才宣布破译了赫梯文字。

目前出土的25000多片泥板文书，不仅包括赫梯的历史、宗教，还有宫廷内部的人事关系和账本。在大宫殿中还发现了公元前1338年埃及图坦卡蒙法老的妃子写给赫梯国王修皮鲁利乌麻一世的信件。至此，赫梯人的生活和历史才从泥板中走了出来，空旷的哈图萨才开始具有了生动的灵魂。

秘鲁昌昌
——世界最大的土砖城遗址

昌昌城位于秘鲁北部特鲁希略城西北4公里处的海滨沙漠地区。从漫漫黄沙的海岸边远远望去，古城和周围的沙漠都是同样乏味的色调，即使靠近也只能看见一些残破的墙基，最高也不过6米，整座城市看上去相当不起眼。

但谁能想到，这片残垣断壁竟然就是古代奇摩帝国的都城！

1000—1500年左右，强大的奇摩帝国统治着秘鲁北部。12世纪时，奇摩人将昌昌作为首都。“昌昌”在奇摩语中的意思是“太阳太阳”，如同这耀眼的名字一样，奇摩帝国在15世纪达到鼎盛，帝国的疆土向沿海地区延伸了960多公里，人口超过了25万，而同时期的欧洲城市仅有区区二三万人。

然而好景不长，1470年左右，在经历了一场漫长的战争后，印加王公图帕克·尤潘奇将奇摩国王敏昌卡曼俘虏到了库斯科。奇摩帝国沦为印加属国，走上了衰亡的道路。

1533年，西班牙人占领了昌昌。他们翻遍了城中的建筑物，甚至将陵墓也挖开，疯狂地搜寻着金银财宝。据说18世纪时，为庆祝西班牙国王的婚礼，秘鲁殖民总督装了满满一船昌昌出土的金器文物，作为贺礼运往欧洲。此后不久，昌昌被彻底遗弃。

作为昔日国都，昌昌城的规模自然可观，但考古工作远远赶不上破坏的速度。到19世纪中叶美国人E·G·斯奎尔第一次对昌昌古城进行调查时，他心痛地发现，前来寻宝的“掘金者”已将昌昌破坏得面目全非。

直到19世纪末，人们才在昌昌开始了保护性的考古工作。来自瑞士、美国、德国以及秘鲁的考古工作者们在古城开展了一系列艰苦的修复工作，使一部分建筑物不同程度得以恢复。与此同时，考古工作也在有条不紊地进行着，通过近年来大规模的调查和发掘，作为目前世界上最大的土城遗址，昌昌逐渐向世人展示出满目疮痍下辉煌的过去。

昌昌的建筑材料没有使用一块石头，全部用土砖垒成。这是因为古城位于狭窄的沿海地区，石料非常缺乏，所以人们发明了土砖来代替。这可不是一般的土砖，是人们用当地最丰富的黏土、贝壳和砂粒研磨成细粉后，掺水混合成型，之后又用火烧制而成的。这种紫红色土砖的硬度并不亚于现代的混凝土，在当地干燥无雨的气候条件下，建筑物保存很久也没问题。

古城约36平方公里，规划相当有序。纵横交错的道路网两旁，宫殿、祭坛、花园、市场、监狱和粮库等建筑，大致都呈矩形排列。此外，奇摩人还修建了庞大的灌溉渠道，从安第斯山引来水供居民饮用，井水至今还很清澈。

昌昌城的设计也相当别致，简单来说就是“大城套小城”。整座城市大致由10个独立的长方形城堡组成，每个城堡都有自己的城墙。城堡内是一个独立的小天地，包括小庭院、厨房、储藏室和蓄水池等，但可惜都已经遭到了西班牙殖民者的严重破坏。

这种设计意义何在呢？考古学家们分析，每一座城堡可能都曾属于一位奇摩国王。当这位国王死后，他的居所就会被密封起来，变成他的陵墓，然后，建筑工人再为下一任国王建造一座新城堡。

昌昌城的中心是查珠第城堡，其中有一个保存完好的议事厅，哪怕坐在最角落的位置轻声低语，也能听得很清楚。其他有趣的建筑物还包括绿宝石庙和彩虹庙。前者直到1923年才被发现，呈金字塔形状，有两个寺院平台，周围有珍贵浮雕。彩虹庙则是一座塔形寺庙，周围有高墙环抱，墙上也有精心雕刻的各种生物。

如果仔细观察就会发现，城里装饰的许多浮雕内容都是以海洋生物和渔猎为主，反映出奇摩人的生活与海洋息息相关。出于同样的原因，奇摩人把月神奉为至高无上的神，因为月圆之夜正是近海捕鱼的黄金时刻。

奇摩人的黄金工艺非常高超，精致的金器上饰满了细致的图案。即使是有“黄金国”之称的印加帝国，在征服奇摩之后，也模仿过奇摩的黄金艺术风格，用从奇摩人那里学到的技术，制作了黄金项链和美洲驼马状的饰品。更为大胆的是，奇摩人还将黄金用在建筑物装饰上。尽管城里大部分建筑都简单朴实，但在一些重要的建筑物上，泥土墙面上被嵌入金箔制成的珍贵装饰图案，传说奇摩人甚至在花园里也夹杂有贵金属制作的植物。

可惜热情的创造者没有想到，作品的美好和独特正是向破坏者发出的邀请，事实上，也正是这些诱人的黄金艺术品最终为昌昌招来了灭顶之灾。

佩特拉——隐匿的约旦古城

在约旦西北部高原，有一座被遗忘的城市名叫佩特拉。2000多年前，阿都马人和奈伯特人曾先后建都于此。擅长经商的奈伯特人在前往埃及、叙利亚贩运商品时，都把佩特拉作为中转站，因此那时的佩特拉曾以中东商业中心著称。佩特拉的繁荣引起了罗马人的觊觎，106年，罗马人通过截断水源的方法，终于使佩特拉成为罗马帝国的一个行省。

几个世纪后，奥斯曼帝国占据了这片土地。到了12世纪，除了埋首在古文献中的历史学家，以及在废墟里躲避风雨的贝督因牧人外，再也没有人想起这里。

1812年，一位名为西克·坎布拉罕·阿卜杜拉的商人来到这里。流利的谈吐、渊博的学识使他成为人们眼中博学多才的伊斯兰法学家。其实，这位智者不是阿拉伯人，他的真名叫约翰·路德维格·贝克哈特，是一名受雇于英非协会进行地质勘察的年轻瑞士探险家。

当时贝克哈特原计划穿越一条由约旦通往亚喀巴的古道，在路经此处时，被当地人口中这座神秘的峡谷之城所吸引，遂决定前往一探究竟。

沿着一条遍布卵石的干涸河谷，贝克哈特进入了西克峡谷，这是进入佩特拉的必经之路。贝克哈特在这条令人毛骨悚然的峡谷中行走了1.5公里，眼前终于出现了一片光明。

一瞬间，他所见过的世上最令人惊叹的建筑呈现在眼前：层次分明的红色砂岩峭壁上，镶嵌着一座高50米，宽30米的两层宫殿式建筑，门廊上高大的立柱体现出希腊式建筑风格。宫殿是直接在岩壁上雕凿而成，衬着天然的黄、白、紫三色条纹，看上去就像浮雕宝石一样，在阳光下闪闪发光。

放眼望去，在宽达1英里的开阔谷地里，还有更多建筑物雕凿在半山腰上。一间间房屋紧密相连，有些简陋，几乎仅能算作洞穴；另一些大而精致，还装饰着真人大小的雕塑、台梯以及多层柱式前廊。谷地四周峭壁环抱，只有两处断口，形成与外界来往的天然通道。

这里简直就是一座巨大的“岩石宫殿”！贝克哈特发出了由衷感叹，难怪它会被称为“佩特拉”，因为在阿拉伯语中，意思就是“被开凿过的岩石”，实在是太贴切了！

20世纪初，约旦考古局对佩特拉进行了全面的调查与发掘，力图更多地了解这座湮灭了许多世纪的古城。首批当代考古队考察了佩特拉的石雕墓地和神庙后，发现佩特拉的建筑融入了埃及、叙利亚、美索不达

约旦佩特拉古城：佩特拉古城是约旦最负盛名的古迹区之一，它隐藏于一条峡谷中，宫殿、庙宇、陵墓等都是从山岩上开凿而成，是世界上名副其实的“石头城”，也因其色彩而被称为“玫瑰红城市”。1985年被列入世界遗产目录。

约旦佩特拉古城的古罗马露天剧场：剧场依山而建，阶梯有三四十层，拥有可容纳6000名观众的阶梯形座位。现今许多支撑雄伟华厦的石柱早已倒塌，但柱上的雕刻依然精美绝伦，展现了当年工匠的精美设计和高超技艺。

米亚、希腊以及罗马的多种建筑风格。古城的核心是一个大广场，广场正面是宏伟的哈兹纳宫殿，这就是贝克哈特所看到的第一座建筑。这里传说是历代国王收藏宝藏的“金库”，但是看起来更像是神庙。

哈兹纳宫殿向右，是一座可容纳6000人的罗马式露天大剧场，它是在佩特拉发掘出的最宏伟的罗马建筑物之一。剧场依照山势凿成扇形阶梯看台，舞台用巨石铺砌而成，声音可以清楚地传到最后一排席位。另一座大型罗马建筑物就是“欧翁”神殿，神殿位于广场南面，被凿空的半山岩石形成一个几百平方米的巨型大殿。这里供奉着城市主神，从已发现的石雕神像的手推测，神像高达6米左右。

目前已经发掘出的古城遗址大概只相当于原址的百分之一，而关于佩特拉的疑问却越来越多：奈伯特人为何要将墓地开凿在岩壁上？为什么早期佩特拉主神都萨尔斯的象征竟然是一块石头？那些后来被罗马人重铺过的奈伯特商道究竟在哪里？过去曾经店铺林立，热闹非凡的大市场是怎样的呢？

但是这些宏伟的建筑本身并不会说话，它们只能静静地等待着人们将过去从深埋的岁月中唤醒，赋予这座城市以完整的生命。

南海迷宫
——古希腊的米诺斯王宫

克里特岛位于希腊半岛南边，面积8336平方公里，是爱琴海最大的岛屿。但长期以来，如果没有那个关于它的古老神话，它基本上就是一个默默无闻的边缘地带。

相传国王米诺斯统治着这片土地，征伐的胜利冲昏了米诺斯的头脑，他变得暴虐专横，宙斯决定对他施以惩罚，将他的妻子变成与公牛私通的色情狂，生下一个牛首人身的怪物，名为米诺陶洛斯。为了遮丑，米诺斯将它关在一座迷宫中。后来，米诺斯的儿子安德洛吉亚斯到雅典参加体育竞赛，遭到雅典国王的妒忌而被杀害。盛怒之下，米诺斯率领舰队一举攻下雅典，命令雅典人每9年选送7对童男童女供米诺陶洛斯享用。

第三次进贡时，雅典王子忒修斯自告奋勇前去杀死牛怪。公主阿里亚德娜爱上了英俊勇敢的忒修斯，悄悄送给他一把锋利的宝剑和一个线团。经过一番恶战，忒修斯终于杀死米诺陶洛斯，依靠线团的指引顺利走出迷宫，带着公主启程回国。

第一个对米诺斯传说感兴趣的是特洛伊的发掘者亨利·谢里曼。1887年，他走访了克里特岛，仔细考察露出地面的每一块陶片和石块，最后将目标定在距克里特岛北岸4公里的克诺索斯。可惜最后为了1612棵橄榄树，无法与土地所有者谈拢价钱，谢里曼最终抱着莫大的遗憾与世长辞。

事实证明了谢里曼惊人的判断力，他认定的发掘地点正是古代米诺斯王的宫殿遗址所在地。与后来者阿瑟·伊文思相比，他输的只是时间。

阿瑟·伊文思1851年出生在英国一个富裕的造纸商家庭，父亲对历史与文物的浓厚兴趣传给了他。尽管担任了一段时间《曼彻斯特卫报》驻波斯尼亚特派记者，但他最终选择在牛津大学阿什莫尔博物馆做馆长，一干就是25年。

伊文思不是有经验的考古学家，但是他的运气却出奇的好。对克诺索斯的发掘始于1900年3月23日，开挖第一天，民工们就找到了墙和一些工艺品。这里的文物埋藏得出乎意料的浅，几乎每一铲下去都有所收获。

经过一个月的发掘，一座宏大而奇特的王宫重现人世。这座王宫在公元前2000年前后建造，1700多个大小房间的组合以巨大的中央庭院为中心，一条条长廊、复道和一扇扇重门，将整座建筑物连接在一起。房屋和院落之间曲折多变，多级石阶又使楼上楼下变得高低畅通、错落有致。

伊文思并不是一个轻信的人，他认为牛怪的传说不一定就是真的，但米诺斯生性残暴，树敌甚多，造一座刺客进不来的复杂宫殿，倒是合情合理。

随着发掘的深入，伊文思发现这些遗址并非孤立的建筑物，它们是一个庞大宫殿群的组成部分。王宫四周的各种建筑物呈放射状向外延伸。一些豪华的住宅里面还有冷热水管俱全的浴室，旁边也有极为简陋的小屋和茅舍。宫殿遗址内巨大的贮藏室及不设防的城市结构表明，克里特拥有一支强大的船队，并以此从事海外贸易，积聚了巨额财富。

4月5日，伊文思在王宫遗址中发现了一幅壁画，壁画的颜色历经千年依然鲜艳，它描绘了一个优雅的黑发人像，这就是传说中这一神秘的文明创造者，伊文思将他们称为“米诺斯人”，这一文明也被称为“米诺斯文明”。

戏牛运动：希腊克里特文明壁画，这一运动表现了米诺斯人的宗教仪式与体育活动相混合。

伊文思的发现引起轩然大波，因为谢里曼对迈锡尼文明的发现，将欧洲史的序幕提早了1000年或更早，而克里特岛米诺斯王宫的发现，再次将欧洲文明的起源提早了整整1000年。

进一步的研究为米诺斯文明勾画出了轮廓：公元前2600多年前的新石器时代，克里特岛上已开始孕育爱琴海的古代文明。公元前2000年前后，克里特岛以北端克诺索斯城为中心建立了统治全岛的奴隶制国家。公元前1700年前后，克诺索斯毁于地震。废墟上重建新城，这就是米诺斯迷宫。

在米诺斯传说的结尾，王子忒修斯最终抛弃了公主阿里亚德娜，克里特的命运也不幸与此吻合。米诺斯文明后期克里特文明衰败了，来自北方的蛮族先是征服了希腊半岛，然后又征服了克里特。公元前1470年前后，桑托林火山的爆发最终毁灭了克里特岛的一切。随着岁月的流逝，城市和宫殿的废墟逐渐被泥沙掩埋，只剩下遥远的传说在诗人口中吟唱。

乌加里特
——海上民族逝去的辉煌

公元前3000年，地中海上出现了这样一个民族。

他们从阿拉伯半岛来到这片海域，精通造船和航海。他们的商船遍及各地，埃及、赫梯、亚述、巴比伦、波斯、希腊，全部都是他们的市场，因此，他们的语言几乎成为古老世界的外交语言。

与他们的船只一起被崇拜着的，还有他们鲜艳而华贵的紫红色染料。在当时的埃及、巴比伦、赫梯以及希腊，贵族和僧侣都喜欢穿代表身份的紫色，惟有他们制造出的紫红色能够长久保持鲜艳的色泽。他们因此被称为“紫红色的人”，即“腓尼基人”。

腓尼基人是一支建立在商业上的民族，一切以商业利益优先。因此，尽管沿地中海东岸，腓尼基人建立起许多繁华的奴隶制商业城邦，但从来没有一个城邦想过要把所有人联合成为一个统一的国家，几千年来，都轮流臣服于不同的强国。

这些城邦中最著名的几个是比布鲁斯、乌加里特、西顿和推罗。西顿制造的精致玻璃器物远近闻名，推罗的染料则更胜一筹，而比布鲁斯，很可能是世界上最古老且有连续居址的城市。

至于乌加里特，人们却是在1887年才第一次得知它的名字。

乌加里特城约建于公元前4000年，公元前18世纪形成奴隶制城邦，逐渐发展成为商业和航海的中心。公元前14世纪中叶的一场大地震结束了乌加里特的繁华，重建后已是明日黄花，沦为迈锡尼人的属地，日趋萧条和衰落，最终销声匿迹。

1887年，开罗南面的阿马尔那遗址出土了一批文书，其中提到了乌加里特的名字，可惜线索实在太有限，它到底坐落在哪里，具体情况如何等等，都不得而知。

1928年3月，在叙利亚西南最大的海港城市拉塔基亚郊外，一个叫做拉斯沙姆拉的地方，一名农夫在翻耕农田的时候，意外地发现了一座迈锡尼式的古

公元前14世纪刻有狩猎场面的乌加里特金盘：乌加里特，古代腓尼基重要海港，手工业和商业颇为发达，位于今叙利亚拉塔基亚城北11公里的拉斯沙姆拉遗址。

墓。

消息传开后，迅速引起了有关当局的重视。由于叙利亚当时仍处在法国殖民统治之下，因此，法国政府决定选派克劳德·谢费尔到现场主持发掘。30岁的谢费尔对考古并没有什么经验，这真是一个奇怪的选择。

发掘工作仅进行了几天，就有迹象表明，他们所考察的这座古墓仅是一大片古老的墓地中的一个。当一位国王的墓室被发现时，谢费尔激动万分："我想到卡纳冯爵士和卡特先生在帝王谷的发现"，"像他们那样，我们自问：在墓室内究竟有些什么呢？"

尽管古代盗墓贼肆虐，但仓促之间，他们仍遗留下许多在今天我们视为珍宝的东西。那段时间发掘出的最著名的珍宝可能是一个象牙雕，那是一个袒胸的克里特—迈锡尼丰收女神，她坐在王座上，两旁各有一只公羊。谢费尔形容道："女神的头上佩戴着优美的亚洲头饰，她赤裸着躯体，从臀部到脚垂下一条满是褶皱的裙子，她是自那个远古时候所保存的最美丽的象牙雕。"为了保护这件珍贵的艺术品，他将她埋在帐篷内自己的床下，直到考察结束。

经过调查，谢费尔认定坟墓东面的"茴香丘"就是王城所在地。这座65英尺高的小丘覆盖着芳香的茴香，尽管它离海边有半英里，但在海湾被淤塞之前，它应该距海边更近。终于，最激动人心的发现出现了。"在一间由三根柱子隔开的房间，我们突然发现了大量刻着楔形文字的泥板。我们发现了王室图书馆！这些著作一定能揭示出许多关于古代近东的有价值的信息。其中有一些是用巴比伦文字写的外交辞令，内容关于重要的政府条约……"

事实表明——这里就是乌加里特。

从1929年到20世纪80年代，拉斯沙姆拉遗址漫长的发掘历程将公元前14世纪—前13世纪青铜时代晚期，乌加里特城的情况清楚地呈现在世人面前。

值得一提的是，腓尼基人是最早发明字母文字的民族，乌加里特则是最早运用腓尼基字母文字的城市。

也许同样是出于商业需要，腓尼基人发明了字母文字，而且在后来衍变成希腊字母、拉丁字母以及后世的西方拼音字母，可以说腓尼基字母是欧洲国家文字的始祖。在乌加里特出土的泥板文书让谢费尔感叹不已："出乎我们意料的是，大量泥板文书是用一种无人能够解读的语言写成！并且——特别的是——它由27个字母组成（实际上是30个），公元前2000年的真正的字母文书……"

但是，就是这样一个民族，却让自己的历史随着城邦的灭亡而湮灭了。他们的神话传说，他们的要政细务，那曾经是最鲜活具体的点点滴滴，偶尔在旁人的只言片语中露个影了，就成为绝响。

维苏威火山与庞贝
——灾难湮没的欢愉

意大利的拿波里附近，有座名为"维苏威"的活火山。然而，天性乐观的意大利人对此并不在意，他们更感兴趣的是当地优美的风光和香醇的美酒。

但是，1594年的一天，事情开始变得有些不一样了。

一群农民在维苏威火山下挖掘水渠时，偶然挖出了一些古代金币。消息传开后，许多人来到这里寻宝，人们找到了更多的东西：陶器、手工艺品、经过雕琢的大理石碎块等等。随后，一块刻有"庞贝"字样的碑铭被发现；再后来人们发现了被火山灰包裹着的人体遗骸。

这时，人们终于意识到了一个可怕的事实——维苏威火山在古代的某次喷发，曾经毁灭了一座名为"庞贝"的城市。

庞贝是古罗马时期一座繁华的商业城市，到毁灭时为止，城市居民约25000人。79年8月24日，庞贝的噩梦到来了。

这是一个普通的夏日，街道上车水马龙，孩子们追逐嬉戏，店主卖力地吆喝着自己的商品，码头也像往常一样泊满了各地的商船。午后1时左右，维苏威火山突然大爆发：滚烫的岩浆喷发到空中，冷却成为浮石后如雨般落下。从火山口喷出的有毒气体，导致许多鸟类死亡。海水猛涨，地动山摇，街道在不断掉落的浮石和火灰中燃烧。几小时后，未能离开的人都在厚重的烟灰中窒息而死。

灾难是突然降临的，因此什么都来不及改变，时间就被永远凝固了。除了建筑物的顶部被压塌以外，封存在厚厚的火山灰下的庞贝几乎完整无缺，它以一种悲剧的方式躲过了上千年岁月的侵蚀。

在200多年断断续续的考古发掘中，随着昔日的豪宅、商铺、作坊及广场的神庙和祭坛等建筑从废墟中被唤醒，一幅中断在那个时代的生活画卷向我们展开。

城市面积约1.8平方公里，四周环绕着石砌城墙。分成9个城区，剧院、广场、神庙、法院、公共浴室、妓院等一应俱全。东南角是一座圆形的露天大角斗场，可容纳2万观众。城内大部分的街道虽然有排水系统，但都很窄，当年来来往往的马车在繁华的街道上留下了深深的辙印。设计者甚至在十字路口上修筑了人行道，它们是由大石块组成，即使是雨天，在上面行走的路人也不会湿鞋。具有讽刺意味的是，所有的路面都用维苏威多边形的熔岩石铺就。

商业区大街两旁，酒馆、水果铺和杂货摊鳞次栉比，光是面包房就有40余个。店铺门上悬挂着方形招牌，上边标明经营活动及店主的名字。一家商店的墙上还写着：“水果商贩支持普里斯库担任高级行政官”。旅馆的桌上杯盘狼藉，桌上还留有旅客在匆匆逃离时结账的钱。一个水果铺的货架上，摆满了杏仁、无花果、葡萄等果品，早已干枯变质。面包店的烘炉里，还留下一块烤熟的面包，上面印着的面包商的名字还清晰可见。在一家药店的柜台上，

《庞贝城的最后一天》：俄罗斯画家卡尔·勃留罗夫绘。描绘79年8月24日，意大利维苏威火山突然爆发，冲天喷发的火山熔岩和火山灰将庞贝古城埋葬毁灭的情景。

还发现一盒已经碾碎的药丸，旁边有一根细小的圆药条。显然，当药剂师搓药丸时，灾难突然降临，他便慌忙丢下手中的活逃命去了。

除了建筑物外，庞贝意外地为考古学家们封存下了灾难发生时的恐怖场面。

许多没有及时逃出去的人窒息而死后，立即被厚厚的火山灰包裹起来。时间流逝，火山灰沉积变硬，遗骸在里面腐烂消失，只剩下空壳。

后来，考古学家吉西布·弗奥里立发明了一种方法，把石膏浆灌进空壳，制成许多和真人一样形状的石膏像，再现了受难者当时那种绝望和痛苦的表情。其中有捏着一袋硬币茫然站在街口的乞丐；有正在墙脚挖洞，寻找逃生之路的人；有挣扎着想要摆脱营房铁链的角斗士；也有紧握银匙，打开房门抢救财宝的富翁……死亡对任何人都是平等的。

庞贝古城竞技场遗址：位于意大利那不勒斯。庞贝古城建于公元前8世纪，79年遭受维苏威火山喷发侵袭被埋在火山灰下面，直到1748年后才陆续被发掘。

最打动人心的，恐怕还是庞贝人奔放的个性和整座城市纵情欢愉的风情。

很多建筑物的墙上都留下了涂鸦，无论何事都直抒胸臆，一吐为快：“啊，杰斯，愿你的脓包再次裂开，比上次疼得还要厉害。”“无疑，我心爱的人曾在此与她的情人幽会。”……在一间酒窖内，人们找到一只银质酒杯，也许它最能代表庞贝这种恣意的风格，上面刻着一行字：“尽情享受生活吧，明天是捉摸不定的。”难怪法国历史学家泰纳从庞贝归来后感叹道：“那时候的人，是用整个身体活着。”

这就是庞贝，也许正是它太过于沉溺和放纵尘世的欢乐，大自然才要对它施以惩罚，将它毁灭。

津巴布韦
——黑非洲的石头城

南非津巴布韦的“大石头城”，传说是盛产黄金和宝石的神秘之地，16世纪初就在葡萄牙水手中口口相传。但直到1871年9月5日，才被德国地质学家卡尔·毛奇在丛林中找到。

卡尔一潜入石头城，就被当地酋长捉住，最后一无所获地逃走了。可是他并不死心，即将到手的珍宝怎么可能轻易放弃？在精心策划之后，卡尔于1877年9月再次潜入，这次，他成功了。

带着搜刮到的文物回国后，卡尔将石头城的方位标注在地图上，向世界宣告这一“伟大发现”。消息传开，在蜂拥而至的西方殖民者疯狂抢掠中，石头城的珍贵文物被洗劫一空，最终化为废墟。

即使失去了黄金宝石的耀眼光芒，在由木头和泥巴构成传统建筑材料的非洲大陆，如此壮观的石头建筑群也依然散发出一股神秘莫测的气质，吸引着真正的学者想要一探究竟。

经考察，人们发现津巴布韦还有上百座石头城遗址，而卡尔发现的这座位于现在的马斯文戈市东南24公里，被当地人称为“大津巴布韦”，是最大的一座石头城遗址。早在铁器时代晚期，这里就有了第一个居民点，并逐渐扩大。11世纪，马卡兰加王国将这里选作王都，开始营建石头城，后来被莫诺莫塔帕王国取代。

莫诺莫塔帕，意为“矿藏之王”。当时王国内矿产资源丰富，人们大量开采铁、铜、黄金，首都是冶炼业的中心。国王通过控制东非沿岸的黄金、象牙贸易以及掌握当地锡、铜、皂石、牛以及谷物等贸易，拥有了大量财富和极高的社会地位。15世纪时，石头城进入鼎盛时期，成为当时重要的世界商业城市。在一个货栈仓库遗址里，人们找到了中国的明代青瓷、波斯釉陶、阿拉伯的玻璃和金器、甚至印度的佛珠。但好景不长，在16世纪初，也许是由于饥荒或干旱的缘故，大津巴布韦人离开了这里。

经过考古学家们的长期努力，石头城的原貌已经基本呈现出来，一幅鼎盛时期的莫诺莫塔帕王都速写徐徐展开：

城中装饰着高大的立柱，滑石雕刻的立柱顶上，用微红皂石雕成“津巴布韦鸟”。它的学名叫做“红脚茶隼”，年年准时飞来津巴布韦越冬，被这儿的人们视为神鸟。低矮的平民区房舍相当简陋而拥挤。身边来来往往的有被驱赶到郊外梯田耕作、挖掘水渠的奴隶，有手执异国货物招徕生意的商人，有匆匆赶往铁矿坑炼铁的工匠，也有疲惫的王室服务人员，他们就住在这简陋的房舍里。

王室人员的生活则舒适得多。一座椭圆的城中城高踞在稍远的小山上，俯瞰着全城，这就是大围场，是国王的后宫居住的地方。为保护后宫佳丽的安全，它有内外两层城墙。城墙相当坚固，用去的石料足够盖成一座90层的摩天大楼。大围场中建起一座高11米的圆锥形实心塔，它大概是一个宗教膜拜物，也有人认为这是谷仓。围场内王室成员的住房、随员的居室、神庙、仓库、厨房等等一应俱全。这些不同用途的房舍都有曲折的石路相连，门和墙上精心装饰着几何形和鸟状的图案，构图粗犷，栩栩如生。

掠过下面山谷中的神庙，大围场的另一面，是山势陡峭的石山。山上屹立着一座与山石浑然一体的城堡，这就是王宫所在。

然而，在大石头城发现之初，许多西方学者都不相信黑非洲能够创造出如此辉煌的文明，他们坚信“落后的非洲”需要优越的殖民势力从外部带来发展动力。因此，有人把它看作腓尼基人建立的城市，还有人宁愿认为它是印度商人或古埃及人的功绩。

直至20世纪上半叶，由考古学家格鲁德·卡顿·汤普森领导的发掘工作中，出土了有确切年代可考的手工制品，才无可争辩地证明了这座宏伟的文明遗址的确是非洲文明的产儿，当这座古

卡米古城的王宫遗址：位于津巴布韦布拉瓦约市。它修建于15世纪中叶至17世纪中叶，采用大量石头建筑，曾是大津巴布韦的首都，16世纪中叶被遗弃，是世界文化遗产。

城在接受后人凭吊和追忆的同时，也将狂妄自大和偏见钉在了庄严的石墙上，接受世人的拷问。

血腥的狮穴
——亚述帝都尼尼微

公元前8世纪，尼尼微成为亚述帝国的首都。

亚述人的凶残好战令人生畏，在国王辛那赫里布统治期间，亚述霸权达到了巅峰，几乎征服了整个西亚。这座宏伟华丽的城市就是他为炫耀自己的军事成就而建造的。可以说，尼尼微的每一块砖石都砌上了被征服者的血迹和悲泣，犹太人称之为“血腥的狮穴”。

公元前612年，毁灭的厄运降临尼尼微。新巴比伦和米底联军在将这座宏伟的城市洗劫一空后，又放了把大火，尼尼微和庞大的亚述帝国一起，就这样消失了。

2000多年之后，来自欧洲的冒险家们进入这片土地上时，沉睡地下的尼尼微留给他们的唯一线索只有《圣经》中的几段文字。许多人手执《圣经》，试图找到这座传奇城市，但尼尼微最后选择了一个叫做奥斯丁·亨利·莱亚德的英国人。

莱亚德，精力充沛，生性喜爱探险，此前已探访过中东大片神秘的土地。1849年秋季，莱亚德按照《圣经·约拿书》中对尼尼微城的描述，选择了巴格达以北，莫索城外一座叫库云吉克的山丘开始发掘。

由于那时美索不达米亚的建筑都是用晒干的泥砖建造的，只有雕塑、重要的门面以及用于庆典或装饰的墙板才用石头造成，加之历经千年的岁月侵蚀，因此很容易破碎和坍塌，给搜寻特殊建筑轮廓的发掘者们造成极大的困难。但莱亚德坚信自己的判断，对库云吉克进行了坚持不懈的发掘。最终，一个被深埋在地下、曾遭火焚的大型宫殿遗址被唤醒了。

好消息随后传来：亨利·罗林逊翻译出的楔形文字泥板证实了莱亚德的成果——库云吉克真的就是人们长期寻找的尼尼微所在地，而莱亚德所发掘出的那座宫殿，就是亚述帝国最强大的国王辛那赫里布的王宫！

整座城市位于山上，围绕着7.5英里的城墙。为了建造这座歌颂他荣耀的丰碑，这位任性而天赋极高的国王把大部分时间和精力都投入尼尼微的建设方面：由于不满意当地供水质量，他亲自督建了一项不同寻常的引水工程，从50英里的郊外引来新鲜山泉。他还加宽了尼尼微的马路，并从遥远的地方运来许多稀有的花草树木和珍禽异兽。

城内有许多壮观的神庙，最高处就是辛那赫里布奢华的宫殿。他从土耳其、波斯和巴比伦引进了大批能工巧匠，兴建了这座占地2英亩的“盖世无双宫”。这座王宫包括71个房间、两座亚述风格的大殿、一幢椭圆形建筑物，以及植物园和一座凉亭。辛那赫里布为自己设计了一个极其舒适的浴室，由水井、滑轮、吊桶等构成的一套供水设施将水送到浴室，浴室内有淋浴，格子窗和通风设备不断向室内输送新鲜空气；在寒冷时还有一个移动火炉能够为房间供热。

王宫墙壁上各类雪花石膏浮雕中，战争和杀戮的场面最为多见，展现出亚述人辉煌而恐怖的风格。

王宫中最令人难忘的发掘成果，是辛那赫里布的孙子亚述巴尼帕尔创造的宫廷图书馆。在王宫的2间藏书室里，堆满了刻有亚述楔形文字的大大小小的泥板。最大的一块长达3米，宽2米多；而最小的一块还不到1寸长。这些泥板就是2500多年前亚述人的图书，内容包罗万象，从历史、法律、宗教到文学、天文和医学，是研究当时历史最宝贵的文献资料。

就这样，莱亚德终于将尼尼微从模糊的传说中带回到了尘世。

莱亚德想象中的尼尼微宫殿：水彩画。正是莱亚德在伊拉克摩苏尔发现了亚述帝国辛那赫里布的尼尼微宫殿。

故事讲到这里，不能不提到法国人保尔·伊迈尔·博塔，尼尼微的发现者本该是他，但机会却最终与他擦肩而过。

早在1842年，在反复琢磨了《圣经·约拿书》之后，博塔开始发掘库云吉克。可是干了好几周后，他只找到几块砖头。一年以后，博塔听说向北几公里外有一个叫豪尔萨巴德的地方可以找到大量的刻文砖，他再也坐不住了。最终，博塔放弃了库云吉克。3年后，莱亚德找到了尼尼微。

实际上，只要博塔再坚持向下挖20英尺，尼尼微的大量文物就在那里等待着他。

“城市般的庙宇”——吴哥

1861年1月23日，柬埔寨西部蔓藤缠绕的丛林中，出现了一名不速之客。

年轻的探险者名叫亨利·毛霍德，是名兴趣广泛的法国自然学者，为了采集珍贵的昆虫和植物标本，他千里迢迢来到金边湖北岸的这片热带密林。

不知道穿行了多久，毛霍德走上了一条两旁尽是岩石和矮丘的幽暗小路，上面布满青苔和蔓藤。疲惫不堪的毛霍德沿着小路向前方望去，突然愣住了：

只见豁然开朗的丛林深处，一大片巍峨的建筑物轮廓影影绰绰地浮现出来。

道路两旁分列着九头神蛇的大石刻，神蛇之后是排列整齐的54尊石刻神像，构成两条巨大瑰丽的栏杆；倒塌的石块上，精美的雕刻图案已经被杂草覆盖；蟒蛇一般的蔓藤紧紧缠绕在高大的建筑上；圆伞状的无花果树在废墟上肆无忌惮地生长，破土而出的树根无情地掀翻了石板；石塔上，栩栩如生的巨大石刻佛像带着神秘莫测的微笑朝向四面八方。

这些优雅华丽的建筑看来颇具印度特色，均是由巨大的砂岩砌成。石块之间相嵌得那么精确与严丝合缝，连黏合的灰泥都没有使用，其建筑技艺的高超，连玛雅人都望尘莫及。

毛霍德惊讶地瞪大了眼睛，疲劳顿时被抛到脑后。他后来回忆道：“……我感到了一种强烈的震撼，因为展现在眼前的一切已经超越了我所有的想象。我的内心充满了崇敬，无法用语言来形容这里的建筑艺术。我所看到的是建筑史上的一个奇观，因为在地球上，找不到任何一个地方可以和这里媲美。”

沿着古老的台阶拾级而上，毛霍德发现自己站在了一条用巨石筑堤、碎石铺面的宽阔古道上。向南望去，5座尖塔出水蓓蕾般高耸在古道尽头，上面优美的装饰图案清晰可辨。

柬埔寨吴哥窟：吴哥窟，又称吴哥寺，以建筑宏伟与浮雕细致闻名于世，是世界上最大的庙宇。世界文化遗产之一。

毛霍德猛然意识到，来时的小路边那些起伏的岩石矮丘，其实也曾是高大精美的建筑物和石像，只不过天长日久，已被树根侵蚀而分成许多小块。

毛霍德的心中充满了疑问，他努力地回想着自己所知的全部柬埔寨历史。终于，一个并不陌生的名字从毛霍德的记忆中浮现出来：吴哥。

吴哥是9世纪到15世纪时柬埔寨的首都，由古代高棉人创立的吴哥王朝（802年—1431年）是柬埔寨历史上的兴盛时代。

吴哥的修建从公元802年开始，到公元1201年结束，历时400多年。历代统治者的不断扩建与修缮，最终营造了这座神奇瑰丽的城市。

1863年，毛霍德发表了他在柬埔寨的奇遇，将沉寂了4个多世纪的吴哥古都重新带回人们的视野。

35年后，一批法国考古学家来到这里，对吴哥进行系统考察，他们发现这座城市实际上要比毛霍德所看到的大得多。遗址坐落于河滨平原，300多平方公里的土地上密布着宫殿、石塔、护城河、运河和不计其数的雕像，还有长达十几公里刻满了雕像的墙壁和70多座宏伟的庙宇。它们全是由红色砂岩砌成，建筑表面的浮雕，生动地描述了古吴哥的神话、战争和生活。城市大致可分为大、小吴哥两部分，大吴哥即吴哥城，小吴哥即吴哥寺（又称吴哥窟）。

吴哥殿是吴哥城的中心，这是一个面积约为15平方公里的宫殿城。在吴哥殿的中心，阇那跋摩七世建造

四面佛雕像：柬埔寨吴哥窟。四面佛面带笑容，是典型的高棉人面容。

了一组称为“巴扬”的廊院式寺庙。它的中心部分是16座代表高棉16个省的宝塔，在两层台基的四周，还排列着几十座形体相同的石塔。考古学家们相信，这种布局是为了显示王威。

吴哥寺位于吴哥殿的南面，梵语意为“城市般的庙宇”，它是为印度教的毗湿奴神建造的。吴哥寺占地约2平方公里，比古埃及卢克索和卡尔纳克神庙还要大，是世界上最大的石建筑物遗址和最大的神庙。

围绕着吴哥城还有一些早期建筑，其中供奉湿婆的女王庙以其精美绝伦的石刻女神像和花饰以及壮丽庄严的建筑，被誉为“吴哥古迹明珠”。

然而，庙宇中的众多神灵，还是未能挽救吴哥王朝走向衰败的命运。

到了麓耶拔摩七世时期，这位好大喜功的国王为炫耀自己的功绩，疯狂修建豪华的宫殿和壮丽的寺庙，耗费了大量国力，结果加速了高棉帝国的衰败。公元1431年，高棉王朝被入侵的暹罗（泰国）军队打败，人们逃离了吴哥。战胜者在吴哥进行了大肆抢劫破坏，掠走了所有贵重物品。这座成全于美的城市，最终也因为追求美而毁灭。西北带密林中，散发着神秘气息的它至今仍对人们充满了吸引。

巴比伦——“邪恶的城市”

公元前1000多年的一天，一位希腊旅行者风尘仆仆地站在了富丽堂皇的伊斯坦城门前。

“这就是巴比伦！”他激动万分。

他仰望着眼前这座以女神命名的城门，只见高耸的蓝色釉彩城墙上点缀着一列列黄白相间的装饰神兽。

高大的拱形松木城门被包上一层坚固的铜。城墙分为内墙和外墙，两道墙之间的空地用土填满后就成为一条可供4匹马齐头并进的宽阔马道。锯齿状的城墙上方每隔一段距离就有一个防卫工事，士兵手握长矛来回巡逻，警惕地观察着周围情况。

远处，和着狂欢的音乐和雷鸣般的祈祷声，被誉为“王中之王”的尼布甲尼撒率领人群向大街尽头的一座高耸入云的砖塔建筑走去，朝拜的队伍浩浩荡荡，蔚为壮观。

正当他准备加入膜拜的队伍之时，目光却被另一处景象吸引了——他看见一片生机盎然的园林海市蜃楼一般浮在空中！

他凝神看过去，原来这座花园是建筑在拱顶撑起的正方形平台上的。为了给来自米底的爱妃排遣思乡之情，尼布甲尼撒在沙砾上建起这座神奇的“空中花园”。这份献给爱情的礼物看上去充满无限生机和爱意，层层叠起的阳台式花园里栽满奇花异草，高大的树木随风摇摆，远远看上去，就像是悬空的神迹。

正要开口赞叹，他的脸色忽然黯淡了下来，心里产生了一丝隐隐的不安。只见花园脚下，一群奴隶在监工的皮鞭驱赶下通过一组机械不停地汲水，将水源源不断地输送到花园中。通过奴隶们的艰苦劳作，这座神奇的花园才能够始终流水潺潺，鸟语花香。

尼布甲尼撒虽然为继承者留下坚不可摧的城墙，可是如果人心涣散，再坚固的城墙也毫无用处。深受压迫之苦的奴隶的反抗让统治者们精疲力竭，新国王和祭司之间争权夺利，最后马尔杜克神庙的祭司们敞开了大门，将波斯人引进了巴比伦。

近代以来，探寻巴比伦曾经拥有的辉煌，成为考古学者们的一桩大事。

在对巴比伦的考古发掘中，德国人罗伯特·科尔德维所做的工作功不可没。

科尔德维是一位活跃风趣的考古学家，他精通历史和建筑学，对身边的事物总是充满孩童般的好奇。

1899年，根据之前在美索不达米亚的发掘成果，特别是刚刚破译出来的尼尼微皇家图书馆中的泥板文书，44岁的科尔德维选择了伊拉克的卡色尔堡土丘开始

挖掘。除了尼布甲尼撒的新巴比伦城，雄心勃勃的科尔德维将被亚述所灭的古巴比伦城也包括在挖掘计划之内，整个发掘过程预计5年。

一开始，工作进程是令人欣喜的。才开掘没有多久，他就挖到了高大的巴比伦古墙，以及无数浮雕残片等。他在1899年4月5日写道："我的挖掘工作已经进行了14天，我们取得了很大的成绩。"

但是，上天好像并不打算轻易成全这位幸运的德国人。在14年后，人们发现科尔德维在发掘报告中写道："基本完成了必须做的，或打算做的工作的一半。"最开始发现的古城墙，被深埋在38英尺深的坚土下，有的地方竟然达到77英尺深。光是清理这些土方，科尔德维就用200个工人足足挖了15年！这种难度超过世界上任何古迹的出土工作。

巴比伦的巴别塔：勃鲁盖尔绘，维也纳艺术史美术馆藏。取材于《圣经》故事：人类历史的初期，洪水过后，人类开始从诺亚的儿子和媳妇繁衍出来，那时，天下人的口音、言语都是一样。他们商量要建一个城和塔，塔顶通天，来传扬自己的名。上帝不愿意他们为所欲为，就变乱他们的口音，使他们的言语彼此不通。这样就停止了建造。

为了使这座交织在《圣经》和神话中的巴比伦城重见天日，科尔德维15年来长期住在遗址上，只是偶尔回家。但是凭借着德国人特有的耐心与细致，他终于还是让这座古城基本露出原貌。

当然，如今所发掘出来的巴比伦城已经面目全非，昔日气势宏大的古城墙倾颓残破，浮雕斑驳破碎，朝拜大街两旁的狮子雕塑全都荡然无存，巴别塔也只剩下一个方形的积水深坑，砖石全被附近的居民拆去使用。至于浪漫的"空中花园"，则只剩下一口深井和几根残垣断柱供人凭吊。

第八章　水底钩沉

- 西沙水下考古——探寻郑和的航迹
- 北欧海盗船葬——挪威乌瑟贝格
- 『玛丽·罗斯』——沉没的旗舰英雄
- 绥中元代沉船——北方海上丝绸之路的殉葬者

水底钩沉

西沙水下考古——探寻郑和的航迹

在中国南海的西部，有一片风光旖旎的群岛，那里不仅有迷人的热带海域风光，还有清澄透澈的水下海底花园，美丽的花园宛若神话王国：绚丽多姿的珊瑚争奇斗艳，形态各异的海贝纷纷亮相，色彩斑斓的热带鱼翩翩起舞，即使水深40米，各类海洋生物依然清晰可见。这，就是西沙群岛的真实写照。

然而，谁会想到，这片美丽富饶的西沙群岛自古以来便是暗礁险滩危机四伏，风沙巨浪时有出没，数不清的货船、商船难逃此劫，葬身于此。它到底挡住了多少船的去路，已无从知晓。

泱泱中华，自古便是一个航海大国，但是它的航海史至今绝大部分仍藏在海底。要探寻中国古代的航海足迹，必须揭开海底深埋的宝藏的面纱。可是，从何下手呢？答案自然是上面说的西沙群岛。西沙群岛自古以来就是我国大陆通往东南亚、中亚、非洲等地海上航线的要冲，扼南中国海之喉，地理位置极其重要。如果从这里开始中国的水下考古，无疑是一个明智的选择。

可是，我们从来都没有充分重视海底这个巨大的宝藏，直到1985年。这一年，英国人米歇尔·哈恰(Michel Hartcher)等人在南中国海的一艘沉船中，

南宋福建磁灶窑酱釉小口瓶：“南海一号”沉船出水，广东海上丝绸之路博物馆藏。

偷偷打捞出大批清朝康熙时代的青花瓷和金锭等物，1986年，他们将打捞出的物品在阿姆斯特丹拍卖，获得巨利。这件事深深刺激了中国政府和考古界。因为中国的海岸线漫长，在中国沿海海域，这样的沉船为数不少，海底的宝藏不可尽数，为何中国人自己置之不理呢？

亡羊补牢，犹未为晚。1987年，国家水下考古协调小组和中国历史博物馆水下考古学研究室相继成立，并派人出国学习国外的水下考古技术。经过近十年的努力，中国的水下考古的队伍不断壮大并持续发展，水下考古取得了丰硕的成果。这其中，西沙群岛以它的美丽迷人和惊心动魄而令那些曾在此作业过的考古队员们久久回味……

福建德化窑宋青白釉印花四系罐：2004年出水，广东海上丝绸之路博物馆藏。

1998年，中国的水下考古队从海南琼海市乘两艘渔船起航前赴西沙群岛。根据当地渔民提供的信息，考古队将此行的目标锁定在西沙群岛的华光礁和北礁。一路上，考古队遭遇重重困难。狂风大浪几次迫使他们的船靠岛避风，重重暗礁也使得考古队时刻心弦紧绷，丝毫不敢懈怠。

不久，他们到达华光礁，水下考古紧张开始了。华光礁是一处珊瑚环礁，这也正是造成古代沉船的一座暗礁。两天过去了，考古队一无所获，这多少有些令人沮丧，但考古队员们毫不气馁，他们继续搜寻着。终于，令人兴奋的时刻到来了，队员们发现了一个破瓷碗，海底的生物已经在上面安了家。紧接着，他们又发现了一截木头，毫无疑问，古代沉船的遗址被找到了。

这只沉船已经成为一片废墟，但沉船上散落的瓷器的范围几近有两个篮球场那么大。怀着无比激动的心情，队员们开始采集珍贵的文物。但令人遗憾的是，这艘沉船在此次发掘之前已经遭到了严重的盗掘，尽管如此，他们仍旧采集到了不少完整的文物。这些文物均是来自福建磁灶、德化南宋古窑产品。于是，考古队员们

郑和

郑和（1371—1433年），原名马和，小名三宝，又作三保，云南昆阳人，明朝宦官、著名航海家。10岁时成为太监，后进入朱棣的燕王府。在靖难之变中立下战功。明成祖朱棣赐郑姓，任内官监太监，官至四品，地位仅次于司礼监。1405—1433年，郑和七下西洋，完成了人类历史上伟大的壮举。1431年钦封郑和为三宝太监。

一致断定这是一艘约800年前南宋时期的沉船。

与华光礁比起来，北礁的作业同样并不轻松。因为北礁水下许多地方起伏很大，礁块犬牙交错、沟谷纵横、地势险恶。考古队员们必须背足了氧气潜入水下搜寻。令他们惊讶的是，在北礁的礁盘上，古代的瓷器碎片几乎随处可见，瓷器上画有明代的青花，可以断定它们来自福建漳州明代古窑。

在此之前，琼海县D145号渔船的渔民也曾在西沙群岛北礁东北角外的礁盘边缘发现一艘明代沉船，后广东考古工作队曾在此进行调查，打捞出铜钱数百公斤，估计可能是郑和船队沉没的商船。这说明西沙的北礁可能是郑和当年率领船队经过之地。

此次西沙群岛水下考古历时39天，发掘、发现古代沉船遗址、遗存点有十多处。然而，这仅仅是一个开始。

明朝郑和七下西洋的航线示意图告诉我们，要真正探寻当年郑和下西洋的实况，西沙群岛是首选。目前，西沙水下这座神秘的历史博物馆藏着的巨大宝藏正等待着考古人员去探索、去发现。

北欧海盗船葬
——挪威乌瑟贝格

793年6月，维京人驾驶着3艘长船抵达英国海岸。

这些冷漠而充满敌意的北欧人攻击了林第斯法恩修道院。在那里，他们杀死无辜的僧侣，挖开祭坛并将这座神圣教堂里的所有珍宝洗劫一空。

这次劫掠标志着持续近300年的维京时代的来临。

维京人来自瑞典、挪威和丹麦，最初都属于斯堪地纳维亚民族。“维京”这个名称来自北欧的古词“维克”，意思是“港湾”，9世纪时，斯堪地纳维亚人赋予它新的含义——“远征”。从8世纪开始，维京人四处征战。这些北欧海盗驾着行动敏捷的长船，溯河流扬帆疾驶而上，深入欧洲内陆大肆烧杀劫掠。

在欧洲大量的史籍中，维京人都被描述为贪财、肮脏、沉溺酒色、杀戮成性的野蛮人。那么关于维京人

885 年丹麦维京人攻占巴黎：1840 年版画。885年，3万名丹麦维京战士乘坐700艘战船溯塞纳河而上，直抵巴黎（指巴黎旧城，斯德岛）。巴黎人顽强抵挡维京人的进攻，直到次年巴黎之围才得以解除。

生活的其他部分呢？他们的社会组织、宗教信仰、家居生活和风俗习惯又是怎样的呢？由于维京人绝大多数都是文盲，最生动的维京人社会也就一直被湮没在黑暗中。

位于挪威乌瑟贝格的，世界上已发现的最丰富的维京人船葬墓为我们了解维京人的生活提供了更多的线索。

1903年8月，一个名叫克那特·罗姆的乌瑟贝格农民拜访了奥斯陆大学教授加伯利尔·古斯塔夫森。罗姆在自家农场发现了一个古墓，在挖掘过程中，他竟然发现了一条大船。两天后，加伯利尔赶到那个农场进行调查。他确信这个古墓是一处维京时代的大型船葬，决定开始发掘。

由于当时挪威并没有制定保护类似的公共发现的有效法律，在谁的土地上发现的，就归谁所有。因此，开始发掘前，加伯利尔和土地所有者罗姆进行了谈判，希望他能够将发现物品上交给国家，再由国家给予一定补偿。谈判进行得并不顺利，几乎使得发掘计划流产。后来在一位慷慨的德国人帮助下，加伯利尔才终于取得了土地所有者的同意。

次年夏天的6月13日，发掘队开始破土。发掘持续到10月5日，直到船的最后一块碎片被发掘出来。

人们打开坟墓后发现，船的保存情况意外的好。近乎完整的大船用缆绳系在一块岩石上，船首是优美的天鹅颈形，上面装饰着的精美刻花清晰可见。船上覆盖了一层厚厚的石头，石块上还有一个泥炭堆，这个保护层阻隔了空气，使船不会腐蚀，但麻烦的是，船身在石块重压下已经碎掉了。为了保护木材和雕刻不会因为干燥而破碎，考古队员们迅速用湿苔藓和麻布把船头裹上。

接下来人们发现，这座墓也没有逃过盗墓贼的洗劫。船头已经被破坏，盗墓贼用斧头在墓里开出一条路，拿走了所有他们认为值钱的东西。

尽管如此，这座墓葬中的随葬品仍是至今所发现的维京墓葬中最丰富的，有许多发现令人眼睛为之一亮：一辆精雕细刻的四轮手推车、3副雪橇、1副马鞍、银箱、斧子、织布机、帐篷和7张带床上用品的床。由于墓穴几乎是密封的，木制品、布和皮革保存得很好。

在船中央的墓室里，人们发现了两具妇女的遗骸，已经被盗墓贼动过了。年长的那位大约50—60岁，年轻的大约20—30岁。对骸骨的严密检查显示，年长的妇人患有风湿病，这与他们在甲板上发现的鞋子特征相吻合。

由于随葬品异常丰富，人们相信这是一座王室船葬墓。通过对木材的树轮年代学分析，葬礼至少可以追溯到834年，有人据此推测，这位年长的妇女很可能就是死于9世纪中叶的著名女王阿萨。

1904年秋，发掘工作基本完成，但是船和大量物品的保存和复原又花费了21年。

船首先被涂上保护层，那时最先进的处理方法，就是在浓缩的明矾溶液中煮沸材料。不幸的是，由于这种处理方法，许多物件现在都极易碎裂。每片木材都被蒸汽仔细熨烫到最初的形状。工作人员耐心地将成千上万块碎片重新组装起来后发现，这艘船既不是货船，也不是战舰，而是一艘造型和装饰都极尽炫耀的王家游艇。船长21.58米，最宽处为5.1米。船很浅，船舷到龙骨仅深1.58米。每一边各有15个桨孔，所有的桨都放在外面，有30—

北欧神话：《维京葬礼》，油画，F·迪克西1893年绘。描绘众神点燃光明之神巴尔德的殉葬船，并将它推入大海。

33名船员。

维京人为什么要将船作为墓室呢？

这是因为，船对他们而言，不仅仅是扩张的工具，更类似一种价值观念的象征。他们相信一个人死后，他的灵魂会向冥府漂去。因此，王族和富裕的贵族们死后被葬入船中，满载着死者的灵魂和随葬物品，开始在另一个世界的航行。

“玛丽·罗斯”——沉没的旗舰英雄

1509年，19岁的亨利八世登上英国王位。

面对身边虎视眈眈的苏格兰和法国，他急切地想要建立起一支强大的皇家海军，“玛丽·罗斯”号是他下令建造的第一艘大型舰只。

造船工作在普茨茅斯港进行，花了大约一年时间。它是一种新型船，被造得像战舰一样，船首和船尾各有一个高大的堡垒，沿着侧舷装备了新型防水重炮。在当时，这样的装备属于高科技武器，就如同今天的航母一样现代和强大。很快，它成为亨利八世最喜爱的旗舰，亨利八世不惜耗费大量金钱装饰，使它看起来卓尔不群。

亨利以妹妹玛丽的名字和都铎王朝的玫瑰徽章为其命名，称它为“玛丽·罗斯”号（The Mary Rose）。

这艘优秀的战舰参加了多次对法战斗，很快立下赫赫战功。1512年8月10日，在著名的英法布列斯特海战中，“玛丽·罗斯”号重创对方旗舰，折断了其桅杆，导致300人伤亡。

然而，真正使得“玛丽·罗斯”号成名的，却是它的沉没。

1545年7月，一支超过200艘船的法国舰队向英国发动进攻，当时，英国只有约80艘战舰停泊在普茨茅斯。在严密的防护体系保护下，尽管数量上占优势，法军却一时无法占上风。亨利八世拖着病体在新筑的南海堡垒指挥海战，“玛丽·罗斯”号也参加了战斗。

亨利八世

亨利八世（Henry Ⅷ，1491—1547年），英格兰都铎王朝第二任国王（1509—1547年），爱尔兰领主、国王。亨利八世因休妻而另娶新皇后与当时的罗马教皇反目，推行宗教改革，使英国教会脱离罗马教廷，自己成为英格兰最高宗教领袖。他在位期间，把威尔士并入英格兰，并全面改革政府机构，在欧洲以均势外交政策保障本国的政治经济利益。这使英国最终形成为统一集权的近代民族国家。

当企盼已久的风终于在19日黎明到来，英国战舰扬帆出击时，悲剧发生了：在激烈的海战中，“玛丽·罗斯”号强大的火力如以往一样，对敌方造成了巨大的威慑。当“玛丽·罗斯”号正要转向另一面，利用侧舷炮向敌方全面开火时，汹涌的海水一下子冲进了敞开的炮门，船突然倾覆了。船下沉得如此之快，亨利八世只能站在堡垒上，眼睁睁地看着“玛丽·罗斯”号带着船上的300条生命迅速被海水吞没。

尽管法国人宣称是他们的一颗炮弹将“玛丽·罗斯”号葬送海底的，但更多证据表明，灾难的原因可能仅仅是超载或操作失误。至于造成如此高死亡人数的原因，是因为甲板上覆盖着的网。它本用以保护船员免受箭和落下来的横梁伤害，并固定甲板上的活动装置，却在紧急关头阻碍了船员跳海逃生，加上士兵们穿着的各种装甲，劫后余生的机会变得相当渺茫。

亨利八世曾试图打捞“玛丽·罗斯”号，但打捞失败了，之后，它也逐渐被人遗忘，沉睡在这片出生地和终结地。

1965年，亚历山大·麦克尼开始了寻找“玛丽·罗斯”号的艰难历程。在联系大不列颠潜水俱乐部南海分部的同时，他也对若干个传说中的沉船所在地进行了调查。

努力没有白费，1967年的一天，水下声波探测在一处陌生海床发现了不寻常的反应，那会是寻觅已久的

战舰“玛丽·罗斯”号：1545年绘画。该战舰由英王亨利八世建造，1545年7月19日驶往索伦特海峡阻挡法军的途中进水沉没。

"玛丽·罗斯"号吗?

为证明这一猜测，一队自称"疯狂麦克的掠夺者"的志愿者们展开了水下探查活动。到1968年冬天，他们已经非常肯定水下的泥沙中有某种固体存在。当挖泥船带上来一门锈迹斑斑的铁炮时，亚历山大激动万分。

随即，一项宏伟的水下发掘计划被迅速制订出来。一支600人的、包括驾驶员、科学家和考古学家的志愿队伍，全面考察并记录了这一世界上最大的水下考古过程。

战舰最终在1982年10月11日出水，全球50多万电视观众收看了整个打捞过程。为防止造成海水吸引效果，船壳与泥沙分离的步骤进行了8个多小时。然后，一架巨型海上吊车小心地将"玛丽·罗斯"号转移到旁边一个特制支架上，这些工作都在水下完成。当重达580吨的整体固定后，它们就被吊起并拖上岸。船一浮出水面，舱内的海水立即被抽出以减轻船体负担，打捞工作至此结束，随后转入修复和研究阶段。

一层坚硬的灰色泥土阻止了船体受到进一步侵蚀，"玛丽·罗斯"号仍保留着完整的右侧船舷。此外，近一半的甲板、客舱、舷梯以及有关构造也保存下来。船的设计结构和残骸中发现的各种物品，展现了都铎王朝时期海上生活的独特画面。

超过19000件物品被找到，大都是属于年轻人的玩意。一副精美的西洋双陆棋盘说明水手们在航海中以玩棋盘游戏来消磨时间。船员的生活环境狭窄而拥挤，但他们的薪水也相对较高。由于船员都是文盲，他们只会在自己的物品上刻上独有的记号，因此我们只知道三个殉难者的名字：海军中将乔治·卡洛、船长罗杰·格伦维尔和一个名叫约翰·里德的人。

这次大规模发掘的成果是令人满意的。它以事实证明：即使在水下，同样也能取得与陆上同水平的考古发掘成就。

绥中元代沉船——北方海上丝绸之路的殉葬者

有人把华夏文明称之为“黄色文明”，大概是想说明中国与蓝色海洋文明的隔阂和区别。

其实，安土重迁的中华民族从未拒绝过海洋文明的恩惠。

打开中国历史地图，我们可以看到，在中国东部和南部濒临大海，有着一条漫长的海岸线，古代先民的许多活动，尤其是与日本、南洋、西亚、北非的一些直接联系，就是通过航海活动来实现的。据史料记载，中国古代沿海地区的民间贸易在宋元时期以后非常繁荣，航海贸易发达，不光海外贸易靠海运，国内的一些贸易活动也依靠海运。被誉为“海上丝绸之路”的交通贸易曾经兴盛了很长一个时期，对于沟通中国与世界的联系产生了十分重要的作用。

中国古代的航海活动及海上贸易大致有两个方向：一个是面向东南亚、南亚、西亚及北非，其出发点主要是现在的广西、广东、福建及浙江一带的海港；二是面向朝鲜半岛、日本列岛等东北亚地区，其出发点为渤海湾及东部沿海各港口。所谓“海上丝绸之路”，也就是这两条基本的路线。至于具体的航线，当然要复杂得多，随着时光的流逝，已经完全消失在蔚蓝色的海水中了。如果说能有什么踪迹留存下来，那就是沉睡在海底的水手、货船以及船上装载的货物，还有一些被水淹没的港口设施等。

尽管古代海上丝路的运营航线早已被流逝的时光和荡漾的波涛冲刷得无踪无影，但水下考古专家坚信，航海贸易发展与古代沉船遗址之间有一定必然的联系，那些为开拓海上贸易交通而作出牺牲的殉葬者，一定有许多未解之谜等待后人的破译。1991年开始对辽宁绥中元代沉船进行的调查与发掘便是探寻“海上丝绸之路”及其殉葬者的一次重要的努力。

白地黑花龙凤纹罐：该罐属于元代磁州窑，1995年辽宁绥中三道岗沉船遗址出水，中国国家博物馆藏。

辽宁省葫芦岛市绥中县位于华北平原与东北平原相连接处的辽西走廊上，是关内关外交通的咽喉之地。其东南部濒临渤海，海岸中段以外的三道岗海域水下地貌复杂。1991年7月，绥中县大南铺村的渔民在这片海域捕鱼时打捞出一批瓷器。县文物管理所闻讯后征集到584件，初步鉴定为元代磁州窑的产品。国家文物局得到情况汇报后立即委派水下考古研究室于1991年10月赶赴绥中，开始了历时最长、投入人力物力最大的一项水下调查与发掘。

专家们在捞出瓷器的地点进行了第一次水下调查，发现了三件瓷器和一块船板，初步断定该处为一所沉船遗址；船板的年代经碳十四年代测定法测定属于元代的时间范围。

此后，由历博及福建、广东、广西等省区的多家文物考古单位派人组成了绥中水下考古队。他们先后于1992年到1995年中每年的6—7月及1997年6—8月进行了5次较大规模的水下调查与发掘。考古专家运用国际水下考古界常用的一些高技术手段，如旁侧声纳、浅地震剖面探测系统、卫星导航定位系统、水下微光摄像技术等等，共打捞出完整的瓷器1000余件，大部分为磁州窑的典型器物，如罐、碗、盘、梅瓶等，也有龙凤罐、婴戏罐之类精品，装饰技法以白地釉下黑花为主，也有黑釉、蓝釉和白釉；还发现了大量铁器，主要是铁犁铧，但大多已锈蚀凝结成大块。考虑到铁器出水后的保护保存及复原有较大难度，考古队仍将大部分铁器留置海底。

对出水瓷器的鉴定和碳十四测定数据说明沉船的年代是元代；通过对比研究，可推断沉船的确切年代是元代晚期，是一条满载瓷器和铁器等货物的商船，载重量应在100吨左右；船上装运的瓷器可能产于河北省磁县观台窑。因磁县在宋元时期也是全国主要的冶铁地之一，故船上装运的铁器可能与瓷器产于同一地区。

专家们在调查的过程中还绘制了沉船遗址

元代磁州窑白釉黑花婴戏图罐：1993年辽宁绥中三道岗元代沉船发现，中国国家博物馆藏。

的平面图，进行了水下摄影和摄像，获取了大量图像资料。专家通过对资料的分析推测沉船是“内河、近海兼用”的“方头、方尾、平底”船，在瓷器产地装货后，“沿漳水南支，在馆陶入御河，北上往临清、直沽(今天津)，东行出界河口”入渤海湾，行至三道岗海域遇难沉没。这一海域的海底有三道大沙岗和散布的沙丘，水深变化很大，过往船只很容易搁浅，如遇大的风浪，则易在砂岗上撞裂，导致船体进水沉没。

对辽宁绥中元代沉船的发掘是中国水下考古队伍首次独立进行的较大规模的水下调查，此次水下考古为中国古代航海史和海上交往史的研究提供了一大批新的宝贵资料，大量实物资料，弥补了史学研究资料的不足。纵然先人远逝，但他们划出的历史航迹却已构成一部弥足珍贵的不朽巨著。

第九章　古迹拾贝

古迹拾贝

东方侏罗纪
——四川合川恐龙化石

1957年初，四川省石油管理局地质调查处二分队四连队在地质组组长徐家仁带领下，对四川大石桥构造进行石油与天然气勘探。

刚上山时，工人们还都个个精神抖擞，活力十足。可是随着山势的增高，他们渐渐拉开了距离。走在最前面的是地质工人侯腾云。行至半山腰时，侯腾云突然眼前一亮，在不远的红色岩层中有一块白色石块正在熠熠发亮！强烈的职业感驱使他用随身携带的地质锤敲了一下，锤子被弹了回来，石块很坚硬。他索性蹲下来仔细瞧个究竟。正在百思不得其解的时候，他突然眉头一舒，情不自禁地大喊："快来看哪，这里有恐龙化石！"

同事们闻声赶来，队长徐家仁也立即组织全组人员开始挖掘。为了确保化石的完整，工人们索性用手去抠石头。

化石的挖掘没有想象那么简单，经过一天的艰苦工作，暴露出来的部分也只是整个身体的一段。后来，地质队队长徐和生得知消息火速赶来，并立即组织相关人员进行挖掘，挖掘工作一直持续到5月初。终于，这具恐龙化石骨架在历尽艰难险阻后站在了人们的面前。

只见它体形高大而雄伟，通身长22米，高3.5米，据估计活着时它的体重可达到40—50吨。奇怪的是，这具长达22米的恐龙化石骨架竟有接近二分之一的部分是其颈部，是长颈鹿颈部的三倍长！如果它在地上行走，则将会轻而易举地将其头探进三楼的窗户里。更令人不可思议的是，身体如此巨大，颈部如此之长的"巨龙"，其脑袋竟不超过0.6米！嘴巴之小也就可想而知了。那么，这么小的一张嘴巴是如何填饱这么大的一个躯体的呢？

除了上面这些特征，这只恐龙还长着大象一般的脚，五趾分开，形如扇面，完全适合陆地生活。另外，它的四条腿就像是四个桥墩，整体看上去，它站在那里的样子活像一座拱桥，还有着颈和尾作引桥呢！

经科学家研究认定，它生活在距今1.2亿年前的侏罗纪，属于蜥脚类。四川盆地在当时温暖如春，绿色植物郁郁葱葱，这只恐龙就在这种环境中生活着。根据通常考古命名的惯例，由于它是发现于四川合川的马门溪，因而自然地被称为“合川马门溪龙”。

恐龙化石骨架：四川自贡恐龙博物馆标本陈列厅。三只恐龙从右到左分别是巴山酋龙、杨氏马门溪龙、合川马门溪龙。

此恐龙化石一经发现就轰动了地质界、考古界，不仅在国内吸引了许多人慕名前来参观，而且还走出国门，在日本、新加坡、泰国等地展出，成为举世之星。

后来，在合川又发现了一条巨大的恐龙化石，身长有24米多，光化石就装了整整40多箱，它生活在1.4亿年前，为侏罗纪晚期。合川成了名副其实的侏罗纪的恐龙家园。

从此，四川的合川成了世界上恐龙的又一故乡，而这里也成为研究蜥脚类恐龙的学者们向往的地方。

“阿伽门农的黄金面具”——英雄时代的千古绝唱

古希腊神话中有一段关于阴谋与爱情的故事：

为给弟弟报仇，迈锡尼之王阿伽门农带领希腊各路英雄与特洛伊进行了那场著名的战争。但他没有想到，当自己正在战场上浴血奋战时，伊吉斯托斯趁机勾引了他的妻子克莉泰涅斯特拉。战争接近尾声，阿伽门农即将归来，这对情人惶惶不可终日，决定为了这可鄙的爱情铤而走险。

毫不知情的阿伽门农衣锦还乡，王后和她的情人虚情假意地设宴为他洗尘。当阿伽门农开怀畅饮之际，早已埋伏好的20名武士冲上去，像宰一头食槽边的公牛一样，在酒筵上杀死了他。阿伽门农的战友全部遇难，无一逃脱。

赫赫有名的“人间之王”、佩洛庞尼苏斯的统治者、历史上最强大、最富有的人阿伽门农的一生，就这样以悲剧谢了幕。

1870年，海因里希·谢里曼根据《荷马史诗》找到了传说中的特洛伊城，使得迈锡尼王率希腊联军远征特洛伊成为历史事实，由此谢里曼坚信，传说中的迈锡尼也一定存在，他决心找到“人间王”阿伽门农的安息之所。

与特洛伊不同，迈锡尼城的地点不存在任何疑问。尽管宫殿已经成为羊群的牧场，举目可见的残迹之间，还依稀可辨过去豪华富丽的风光。

根据此前的考古线索，谢里曼选择了临近科林斯地峡的一块地方作为发掘地。从这里向东望去，是一片古王宫的残迹，里面有着巨大的断垣残壁。

这一决定给他带来了意外的便利。

希腊政府原本迟迟不批准谢里曼在迈锡尼的发掘，唯恐谢里曼夺走他们荣誉的希腊考古学家们，也极力从中阻挠。当看到谢里曼最终选择了错误的地点时，大家都抱着幸灾乐祸的态度自动让开了道。1876年8月，谢里曼和妻子索菲亚以及雇来的63名工人在迈锡尼开始了发掘。

发掘的重点集中在狮子门里边的深层沉积物，尽管大块的废石增加了挖掘的困难，谢里曼还是坚持他那来自直觉的信心。很快地，他的直觉再次得到了证实：一个用竖立的石板围成的、直径达87英尺的大圆圈被发掘出来。谢里曼认为这里就是当初迈锡尼议会长老们发表演说、商讨事务和裁决案件的议会广场。

随后发现的9块石碑完全证实了他的猜想，谢里曼宣布：“我已经在这里找到了下面这些人的坟墓：伟大的国王阿伽门农，他的车夫尤利梅顿、卡桑德拉和他的同伴们。”

迈锡尼遗址：版画，19世纪德国考古学家谢里曼绘。描绘的是谢里曼在希腊迈锡尼的发掘情况。图中白色部分为竖穴坟墓所在地，其中的珍宝很可能属于公元前16世纪初的迈锡尼王族。

在后来被称为圆形墓地A的石圈内，他们一共找到了6座大型竖穴圆形墓。

当时，工人们将墓石一块一块挖了出来，谢里曼夫妇密切地注视着进程。突然，索菲亚眼睛一亮，泥土中埋藏的一枚金耳环露了出来，这是墓葬出现的预兆。于是他们不露声色，马上辞退了所有的工人，亲自继续接下来的挖掘工作。

索菲亚用手指和小刀挖了整整25天，一具又一具的古尸被挖了出来，最后清理出有15具尸体的5座王室坟墓。

死者有男有女，还有两个小孩，同一墓中的尸骨彼此靠得很近。这些尸骨大多被黄金严密地覆盖着，男人的脸上罩着金面具，胸部覆着金片，身边放着刀剑、金杯、银杯等；妇女的头上戴着金冠或金额饰，身旁放着装饰用的金匣，各种名贵材料做的别针，衣服上装饰着雕有蜜蜂、乌贼、玫瑰、螺纹等图案的金箔饰件；两个小孩也包裹在金片之中。贵重陪葬物品如此丰厚，以至于谢里曼得意扬扬地宣称，“全世界所有的博物馆保存的东西加在一起还不到它的五分之一”。

男死者脸上罩着金面具，谢里曼小心翼翼地把覆盖古尸的黏土层层剥去，尸体的头部显露以后几个小时就风化得粉碎了，但那黄灿灿的金面具却纹丝不动，保持了原来的形状。每张面具都有着完全不同的面貌特征，“它们和理想的神及英雄的形象截然不同。可以肯定，每个面具都是死者生前的实际面貌”。

当他揭开第五号墓中的一具尸体脸上的面具时，发现尽管由于年代久远，尸体已经变形，但面目仍然依稀可辨。眼窝是空的，鼻子没有了，嘴扭曲着像是在发笑，张开的嘴里露出32颗牙齿，有些骨骼上还黏着肌肉。谢里曼认定他就是阿伽门农，当即给希腊国王发去一封简短的电文：“我凝视着阿伽门农的脸庞。”

对于这些古尸的身份，谢里曼从未怀疑过。

然而今天我们知道他错了。他找到的确实是迈锡尼王室成员的墓地，但墓中埋葬的并非阿伽门农和他的部下。研究结果表明，被谢里曼认定是属于阿伽门农的黄金面具制于公元前1580年左右。假如迈锡尼历史上真的存在过阿伽门农这个人的话，他也应该在400年后才来到人世。尽管如此，谢里曼的发现也堪称迈锡尼考古的一大杰作。

古埃及艳后——涅菲尔提提

古城埃赫塔吞位于孟斐斯和底比斯之间，由古埃及第十八王朝法老埃赫那吞所建。在这位忤逆的法老死后不久，这个王都就被废弃了，后继者提起它都是满脸厌恶之色，鄙夷地称之为“邪恶之地”。

然而，在这片几乎被人遗忘的昔日王都中，曾经生活过古埃及历史上最美丽而神秘的一位女性，她就是埃赫那吞的王后涅菲尔提提。

“涅菲尔提提”意为“美人来兮”，人如其名，埃赫那吞就被她的绝世美貌所俘获。他在首都竖起圆柱，为王后刻上缠绵的诗句：“绝世的容颜，快乐的源泉，天籁之声带给我愉悦，优雅的王后，无限的爱恋，为我两地之君带来幸福的使者。”

公元前1336年左右，这位年仅30岁的艳后神秘地从历史上消失了。有关她的绘画和雕塑形象大多被人为破坏掉，她的位置则被两个女儿所取代。随着时间的流逝，人们关于她的记忆渐渐模糊，甚至怀疑她是否真的存在过。

埃赫那吞半身石像：埃赫那吞是古埃及第十八王朝的国王。

1908年，德国考古学家路德维希·伯恰特对埃赫塔吞古城南部进行了艰苦的发掘。第4年的冬天，他们找到了王家雕塑家杜特摩西的工作室遗址，那儿还遗留着一些尚未完工的作品。

在这些作品中，一件彩绘女性半身石膏像格外抢眼：这尊雕像高约50厘米，按照实物比例制作。她身着一袭出席礼仪场合的装束，戴着一顶孔雀蓝色的平顶王冠，优雅的长颈上装饰着一串巨大的黄金宝石项链。她的眼睑描上了代表纯洁的黑色眼线，高挺的鼻子下，红唇娇艳饱满，给人一种既高贵又美艳的感觉。所有的线索全都指向一个再明显不过的答案——这就是传说中的王后涅菲尔提提！

随着发掘的继续，蛛丝马迹不断浮现，有关涅菲尔提提悲剧性的一生逐渐被人们所了解，其实在埃赫那吞继位之前，这场悲剧的序幕就已经悄然拉开。

古埃及法老常自称神的代言人，因此他们非常重视对神灵的崇拜。到了帝国时期，“阿蒙”祭司凭借位尊势大，开始假借神的意愿干预王位继承和国家政务。

在这种背景下，埃赫那吞做出了一件被视为“离经叛道”的大事。

他下令从纪念物上抹掉阿蒙的名字，以阿吞神取代阿蒙神为全国最高神，规定全体子民一律只能供奉新神。军队查抄了底比斯的各大阿蒙神庙，将僧侣们强行赶出庙门，没收的地产、奴隶和财富划归阿吞神庙。

在整个改革过程中，涅菲尔提提一直坚定地站在丈夫身边。为了控制大局，聪明秀慧的涅菲尔提提自然成为辅政的最佳人选，许多重大决策似乎都是她参与的结果。很多人认为，涅菲尔提提在与丈夫共享美妙生活的时候，也分享了法老的权力，成为法老身后真正掌握了实权的人。

在埃赫那吞统治早期，涅菲尔提提在官方艺术中是一个突出的形象。在荷莫波利斯发现的两块砖上刻有这位王后罕见的一面：她站在一艘小舟的尾部，正举起权杖击打一名俘虏。此外，还有好几处画像都显示她驾驶着一辆战车，手握着权杖。在古埃及的雕塑和绘画中，从未有过一位王后以如此的形象出现过。此外，在凯尔奈克神庙的东侧绘有宗教仪式的壁画中，王后置身于神圣祭典的中心。按照古埃及的传统，宗教祭品应由法老本人或“神灵之妻”奉献，涅菲尔提提的特殊地位和权势由此可见一斑。

既然这样，这位拥有无上权力和绝世美貌的王后为何会突然消失呢？

有研究者认为，涅菲尔提提可能因失宠而被逐出了王室，原因或许是她无法为法老生个儿子，或许是她最终和埃赫那吞的宗教理念发生了冲突。另一种推论则相信，原因在于这对夫妇后来在一场叛乱中被推翻。但也有证据显示，

埃赫那吞一家崇拜阿吞神刻像：埃赫那吞推行对阿吞神的崇拜。不过，他去世后，传统的祭司重树了阿蒙神的地位，将阿吞神的崇拜和这段记忆几乎全部抹去。

涅菲尔提提死于其丈夫在位的第14年，当时的埃及正遭受一场大瘟疫的洗劫。

两年后，埃赫那吞去世，但是并未和涅菲尔提提葬在一起。根据一块发现于20世纪30年代早期，带有她名字的雪花石膏人像碎片推测，涅菲尔提提很可能最终被埋葬在阿马尔纳的王家墓地。这一结局不由让人感叹，在残酷的政治面前，再多的恩爱又能维持多久呢？

埃赫那吞一死，他的宗教改革就全盘失败了。在祭司和贵族压迫下，继任者图坦卡蒙毁去了建筑物上所有这位异教国王和王后的名字，迁回底比斯，恢复了对阿蒙神的信仰，然后等待着自己被作为政治牺牲品的命运到来。

猛犸象骨小屋——人类最古老的建筑物

大约2万年前，地球进入最后一个冰河期的高潮，环境发生了巨大的变化。冰川覆盖着广阔的大陆，干燥的气候让森林消失了，取而代之的开阔草原上埋伏着凶猛的剑齿虎，只有庞大的，披着浓密毛发的猛犸象才能悠然前行。

对于狩猎和采集为生的人类来说，地形和气候的变化也使他们进入了艰难时期。森林的大量减少导致木材匮乏，没有了木材，用什么来制造狩猎工具和其他生存需要的物品呢？如何在毫无遮蔽的平原上建造遮蔽所，抵御严寒呢？

1965年在梅兹里奇的重大发现，展示了人类面临困境的惊人创造力。

梅兹里奇位于乌克兰首都基辅，一天，当地一名农民决定挖一个新的地窖。当挖到近2米深的地方时，铁锹碰到了某种坚硬的东西。

他好奇地继续挖下去，发现这居然是一块巨大的猛犸象颌骨。这块颌骨倾倒在地，而且像小孩子玩的建筑积木那样，被插入另一块颌骨的底部。这一定是人工摆放的结果，但是这样做有什么意义呢？

第二年，一支由乌克兰考古学家和古生物学家伊凡·彼得普里琴柯率领的考古队来到梅兹里奇，开始对这块猛犸象骨遗迹进行发掘，当一座由猛犸象骨和象牙搭建而成的小屋遗址出现在人们面前时，答案昭然若揭。

猛犸象化石：猛犸象约在4万年前出现，距今4千年前完全灭绝。由于皮肤外面披着用来抵御严寒的厚厚长毛，因此也被称为“长毛象”。

很久以前，寒冷的乌克兰荒原缺少木材，人类学会了用骨头和鹿角之类的材料来代替。狩猎的成果被最大限度地利用起来，毛发浓密的猛犸象被猎杀后，肉被食用，而温暖的皮毛和巨大的骨头则派上了其他用场。

梅兹里奇的这座小屋就是用385块猛犸象骨造成的一个住所。实际上，正如后来的发掘所显示的那样，小屋的构造就像一个大型建筑玩具。倾倒的颌骨被连锁式地组合成一个完整的圆圈，作为一个圆形小屋的地基。接下来，大约有36根巨大的弯曲象牙被用来作为屋顶和门廊的拱顶构架，其中还有一些象牙底端被插在头骨的凹槽内。就像19世纪时西伯利亚沿海地区的猎人建造鲸鱼骨小屋一样，考古学家们推测，当这个坚固的构架完工后，只要在外面罩上兽皮，就大功告成。

经过鉴定，建筑中组合起来的全部骨头，至少属于95只猛犸象。对当时的人类而言，这的确是一项巨大的狩猎工程。由此有人认为，附近河口或溪谷地带可能有一片猛犸象骨堆，每当猛犸象快要死去时，它们就会来到这里等待死亡的降临，建筑用的象骨大概也是由此收集而来。

但是，即使是这样，将庞大的骨头组装起来的工作量也不小。要知道，巨大的猛犸象骨在干燥环境下也重达几百磅。

尽管当人们为寻找猎物从一处迁徙到另一处时，这种住所可以捆扎起来，打包随身带走，但这座小屋的使用期限实际上不止一代人，表明史前居民们不再依靠单纯的捕猎采集为生，他们开始尝试定居的农业生活。

小屋内的地面被挖空成了一个坑，里面发现的木炭和灰烬，表明那儿可能曾有一个用于烤火、煮食和照明的地炉。在小屋外面也发现了两座地灶，其中的一座地灶甚至用骨头搭起一个用于烹饪的支架。

在梅兹里奇小屋内部，考古发掘者们还找到了一些琥珀装饰品和贝壳化石，它们来自350—500公里以外的地方，那儿可能是这些居民们的发源地。此外，还发现了一件最早的打击乐器——由一个猛犸象头骨组成的“鼓”。这面“鼓”被安放在入口处，并被红色赭石画上了某种点和线，有学者认为它描绘了河流和住宅的分布，如果这是真的话，梅兹里奇的居民们就又创造了“世界纪录”，即世界上最古老的地图。

头骨的顶部下陷，这里似乎曾经被“鼓槌”击打过，说明这座建筑物可能具有宗教或公共功能，人们在这里聚会时敲打猛犸象骨。

随后，一座、两座、三座……更多的象骨小屋遗址被找到。一个沉睡了15000年的冰河时代古村落终于被唤醒。想想看，村子里所有的房屋都是用猛犸象的骨头建造的，当站在村落中时，仿佛还能听到远方传来猛犸象的吼声。

梅兹里奇的发掘工作一直持续到20世纪末。无论如何，在这里的发现无疑是冰河时代最激动人心的考古成果。这些骨头建筑直径在6—10米之间，其中有些在当时算是壮观的建筑，而有些存在的年代至少在2万年前，意味着那是迄今发现的最古老的人类建筑物。

其实早在19世纪末20世纪初，在基辅就发现了类似的象骨堆积的遗迹，但是当时的考古发掘者们没有想到，在冰河时期居然会有猛犸象骨搭建的住房，所以这一重大创造一直被湮没在现代人想象力的缺乏中。

始祖鸟——追寻飞翔的痕迹

在19世纪，德国的索伦霍芬是石灰石的主要产地。这里用于平版印刷的优质石灰石非常出名，每天都有许多工人在采石场忙碌着。

在当时的条件下，采石是一项比较危险的工作，受伤在所难免，所以，卡尔·哈伯伦医生在当地开的诊所生意总是相当的红火。

哈伯伦医生之所以很乐意在这里行医，除了病人多以外，还有一个重要的原因。他是一个化石收藏爱好者，而这个地区在侏罗纪时期是一片潟湖，湖底部的水含氧量极低，有助于化石的形成和保存，因此工人们在开采、挑选石材的时候，很容易发现古代化石。工人们来看完病后，只要给他一个化石标本，就可以当作医药的费用了。

始祖鸟化石：晚侏罗纪，产地在德国，重庆自然博物馆。

这天，一个采石场的主人，又拿着一块化石来找哈伯伦医生看病了。诊疗结束后，哈伯伦医生拿起了那块化石把玩，惊奇地发现化石上那个明明看上去像翼龙的小家伙，居然长有类似羽毛的结构。于是，他拿着这块化石去找正在附近考察的古生物学家冯迈耶。

冯迈耶一看到这块化石，马上想起了一个月前他在该处地层中发现的一个羽毛化石。他连忙翻出了自己的记录：此羽毛长约6厘米、宽1.1厘米，羽上有羽干，将羽毛分隔成两个不对称的羽片，羽毛上的羽轴、羽枝和小羽枝都十分清晰。

“羽毛！又是一个有着羽毛的化石！”

在确认化石里的古生物有一对长着羽毛的翅膀后，冯迈耶内心一阵激动。他意识到，这个惊人的发现将具有非比寻常的意义。

根据达尔文进化论，生物是逐渐进化而来的。1833年，法国古生物学家乔弗莱·圣提雷尔据此提出了鸟类是从爬行类进化而来的预测。但是直到《物种起源》出版时，人们都还没发现一具过渡型化石，来直接证明生物形态的连续化。虽然达尔文之前解释说，化石形成本身就是一个非常偶然的过程，而过渡型生物体要碰巧被形成化石保留下来并被人们发现，就更是偶然。但是再多的推论也抵不上实物的强大说服力，无论圣提雷尔的预测是否正确，都需要确凿证据来加以验证。

在这种情况下，冯迈耶手上这一具化石变得非同小可。它既有爬行类的特征，又有鸟类的羽毛，明显属于从爬行类到鸟类的过渡阶段，从而宣告了达尔文和圣提雷尔的胜利。

于是，历史记住了1861年，在这一年，第一例过渡型化石被发现，冯迈耶把它命名为“始祖鸟”，即“鸟的祖先”。遗憾的是，德国人最终没能留住这块珍贵无比的化石。

在化石发现公布后没多久，为了给女儿筹备嫁妆，哈伯伦医生向外界表示愿意出售他收藏的始祖鸟化石。德国的许多古生物学家闻讯立即行动起来，他们纷纷向德皇威廉一世建议买下化石，列为官方收藏品，以免国宝流入国外。

但是，如科学上许多重大的发现一样，始祖鸟化石自问世以来，也伴随着不间断的怀疑。神创论者拒绝承认存在过渡型生物，他们企图证明化石是伪造的。德国当时的古生物学权威瓦格纳对此也持否定态度，断然声称世上并没有爬行类和鸟类之间的过渡型生物，所谓始祖鸟其实只是一只长尾的翼龙。

所以，对于学者们的建议，德皇没有做出回应，科研机构也因此难以筹到款项购买化石。古生物学家们不死心，他们转而向国会求救，要求下禁止出境令，以确保化石留在德国。没有想到的是，大英博物馆动作更快，他们抢在法令生效之前，将化石弄到了手。

哈伯伦起初开价750英镑，而大英博物馆理事会最多只愿意出500英镑。深知化石的重要性，负责收购的理查德·欧文瞒着理事会以700英镑成交，连带获得了哈伯伦的1700余件其他标本。1862年10月1日，始祖鸟化石抵达大英博物馆，以后一直留在那里，被称为“伦敦标本”。

截至1992年，已经有7具始祖鸟化石展现在了世人面前。站在科学的角度上看，始祖鸟的真实性已经毫无疑问了。它与翼龙和鸟类均有相似之处，而它和鸟类之间的比较解剖学关系，也符合鸟类的进化规律。

但是，“始祖鸟”就真的是“始祖”鸟吗？在对化石的研究过程中，科学家们发现始祖鸟的羽毛结构属于较高级的二次复羽。从理论上来讲，如果是从爬行类过渡到鸟类的祖先，其羽毛结构只能是低级的一次羽，这么看来，始祖鸟很可能并不是鸟类的祖先。

佛门藏秘
——法门寺地宫探奇

法门寺位于西安西110公里的扶风县内。关于这座佛教寺院的最早记录是在5世纪的北魏时代。

1987年春开始对法门寺塔进行考古发掘。4月2日上午，考古人员发现了一个神秘的地宫。地宫的第一道石门后是长长的甬道，甬道地面铺了厚厚的钱币，其中13枚玳瑁制成的纪念币是中国钱币考古的首次发现。

甬道尽头是一道石门，石门前立着两块石碑。一块碑上记载着阿育王分送舍利于法门寺，中国历朝供养佛指舍利的盛况；另一块碑上记录着为供奉佛指舍利捐献物品的情况。石碑告诉人们，那个神秘的佛指舍利和无数珍宝是存在的。

石碑后面的石门很难开启，因里面的建筑已经变形，考古人员只能爬进去。虽然外部损毁，但洞内的物品却安好如初。1000多年前的阿育王塔依旧色彩夺目，它用整块汉白玉雕成，四面雕刻着菩萨像。阿育王塔四周地面上堆积着无数丝织品，经过千年的侵蚀，仍能看出中国古代丝绸的华贵与精美。

这里摆满了珍宝，最奇妙的是两个鎏金银质的“香囊”。球内小碗中装上香料，点燃后香气就从镂空的纹饰中溢出。为防止香囊晃动时香料流出，工匠在内

法门寺院正门：法门寺位于陕西宝鸡扶风县。

部装了两个平衡环。这种平衡装置与现代陀螺仪原理完全相同。

锡杖相传是佛祖出行时驱赶毒蛇害虫用的，后演变成佛教权威的象征。地宫中发现的长1.96米的双环12轮鎏金银锡杖，被称为“世界锡杖之王”，共用去62两黄金、白银58两。

在后室的一个大包裹里，考古人员发现了一个光彩夺目的宝函。宝函一层套着一层，一共8层，最里面是一座闪闪发光的纯金四门小塔。四门纯金塔可以移动，塔座上有个银柱，上套一个白色管状物。考古人员发现了佛指舍利！

然而，经仔细鉴定，发现这枚舍利是玉质的。难道真身舍利并不存在？就在人们彷徨之际，一位考古人员无意间发现，已清理的地宫后室角落里有片松动的浮土。挖开浮土，一个密龛显露出来，密龛中有个不大的包裹，里面是一个锈迹斑斑的铁函。打开铁函，里面又是一层套一层：银函内是檀香木函，木函里有一只镶嵌着硕大宝石的水晶棺椁，最里面是洁白的小玉棺：一枚佛指静静地躺在玉棺里！这枚骨质舍利，就是至高无上的佛祖释迦牟尼真身指骨。

接下来，人们从汉白玉灵帐和阿育王塔中又发现了两枚玉质的佛骨。佛指舍利的发现震惊了佛教界，据史料记载，世界上只有一枚指骨舍利，就是法门寺的这个指骨，不像其他舍利还有同类舍利。

佛教1世纪传入中国，到唐代发展到鼎盛时期。当时的人们相信，法门寺塔30年开启一次，把佛骨请出来让世人瞻仰，就会国泰民安，风调雨顺。唐太宗李世民在632年命令开启法门寺地宫，让人们礼拜佛指，法门寺也因此成为当时最大和规格最高的佛教寺院之一。

在唐朝300多年历史中，有6位皇帝迎奉过佛骨，不仅皇帝倾奉心爱珍宝，普通百姓也出动跪迎，施舍财物不惜倾家荡产。然而，唐武宗上台后，却颁布法令抑制佛教并毁灭佛骨。841到845年的灭佛运动中，武宗要把舍利当面碾碎，法门寺僧人冒着生命危险把舍利保留下来，用复制品搪塞过去。

尽管灭佛运动很快停止，但此时的唐王朝已开始由盛而衰。第17位皇帝唐懿宗于873年最后一次从法门寺地宫中请出佛骨，迎到长安供奉。但礼佛仪式还没结束，懿宗皇帝突然驾崩。继位的唐僖宗登基后的第一件事就是归送佛骨回法门寺。

874年，随着巨大的铁锁把最后一道石门锁上，佛指舍利被长久封闭在了地宫，直至1113年后考古人员重新开启地宫之门。

法门寺地宫中的珍宝虽然被发现，但是还有许多谜团没有破解：为什么大理石砌的地宫全部涂成了黑色？为什么法器上凡有空隙的地方都刻着各种菩萨像？为什么这些菩萨像跟一般佛寺中的不一样？……

沙海楼兰——塔克拉玛干沙漠的旷世奇观

在塔里木盆地东部，罗布泊洼地西北边缘，有一个被沙丘淹没的楼兰城遗址。楼兰是西域36国之一，据《史记·大宛列传》记载：“楼兰、姑师，邑有城郭，临盐泽。”公元前77年，汉朝派傅介子刺杀楼兰王，将其国名改为鄯善。以后鄯善的中心移到了今若羌县一带。

昔日绿草遍地，人往如织的楼兰，在4世纪以后突然神秘消失，留下的只是一片不毛之地和一堆难解之谜。

1895年2月，瑞典探险家斯文·赫定闯入罗布泊地区，打破了罗布泊沙漠的沉寂。在考察过程中突遇风暴，斯文·赫定险些丧命。亏得一只水鸟将他引至一小水潭边，使他幸免于难。

斯文·赫定的第二次塔克拉玛干之行充满了戏剧性。1899年9月，斯文·赫定在瑞典国王奥斯卡和百万富翁贝尔的资助下，开始第二次探险。斯文·赫定一行驾小舟沿叶尔羌河进入塔里木河，抵达若羌绿洲。1900年2月，他组织一班人马向罗布泊荒原进发，3月29日深入到罗布泊西北岸。在准备宿营时，他发现铁铲不慎遗失在昨天停留的地方。茫茫沙漠，水是性命攸关的东西，而铲又是他们唯一的挖水工具。斯文·赫定不得不命令向导艾尔德克回去寻找。幸运的是，艾尔德克

楼兰古城遗址：位于新疆若羌县。据《史记·大宛列传》和《汉书·西域传》记载，早在2世纪以前，楼兰就是西域一个著名的“城郭之国”。

找到了铁铲。在返回途中，突然狂风大作，艾尔德克迷失了方向。风暴停息后，艾尔德克面前出现了一些高大的泥塔和房址，起初他以为这是“海市蜃楼”，但走进去一看，才发现这是一座被风沙半没的古城。

当艾尔德克带着古城的木雕，并将所遇的一切告诉斯文·赫定时，斯文·赫定欣喜万分。他预感艾尔德克的发现非同寻常，第二年初春，又重返沙漠中那座神秘的古城。在那里掘获了150件魏晋时期的汉文木简残纸、少量佉卢文书和大批汉、唐古币及各类精美的丝织品和雕刻品。斯文·赫定根据佉卢文简牍上的“Kroraina”一词，认定这座古城正是楼兰。消息一经传出，立即轰动世界。

楼兰古城距罗布泊岸边约28000米，四周大多是风蚀的“雅丹”地貌。遗址在两条古河道的中间，古河道是注入罗布泊的河流，城中间有一条水渠与这两条古河道相连，从西北向东南斜穿古城遗址。

楼兰古城略呈长方形，东城墙长约333米，南城墙长约329米，西墙和北墙均长约327米，面积达10余万平方米。城内大致可以分成东、西两部分，东部从北向南，主要残存四座建筑遗迹：佛塔与三处房址。佛塔在楼兰城东部中间偏北，残高10.4米。塔基方形，共三层，采用夯筑的方法，夯土内可见有陶片，外缘用土坯包边。塔的南侧，塔基与塔身之间尚保留有供攀登用的土坯阶梯。

从出土的汉文简牍分析，城中西南的大院落为长史衙署遗址。西城墙下有一组较大的建筑，南北长20余米，东西宽约15米，有的房屋建筑设在中央大厅，四周房间与大厅相通，房间的木门框犹存。城西侧的北部和南部，也有大量建筑遗迹，可见在楼兰城被废弃之前，城内建筑非常密集。

1979年，新疆考古研究所楼兰考古队对古城古道进行考察。在通向楼兰道路的孔雀河下游，发现了大批古墓。其中几座墓葬外表奇特而壮观：围绕墓穴的是七层由细而粗的圆木，圈外有呈放射状展开的列木。整个外形像一个太阳，其含义是什么，目前还是一个未解之谜。木棺中保存了几具较为完好的楼兰女尸，她们脸庞不大，下颏尖圆，高鼻梁、大眼睛，头发浓密微卷，戴有素色小毡帽，帽边插几支色彩斑斓的雉翎。女尸裸体，周身裹毛织布毯，以骨针或木针连缀为扣，双脚着短筒皮靴。墓中有5件木雕半身人像，其中4件具有明显的女性形象，双乳丰隆，臀部肥大。墓葬经碳十四测定，其年代距今约4000年，是目前所知最早的楼兰人墓地。

楼兰遗迹具有多元文化的特点。1997年新疆文物考古所在尉犁县营盘古城附近发掘的一座汉晋墓地，出土文物既有中原风格和中亚风格的东西，也有来自波斯和古希腊罗马的物品。这种多元文化的格局是塔克拉玛干沙漠文明赖以生存和发展的基础。

然而，就是这样一个可人的绿洲，一个丝路商旅翘首以望的贸易中继站，却在4世纪以后，突然人去“楼”空。

是什么原因使盛极一时的古国突然幻灭？也许可以从楼兰遗址出土的简牍中找到答案：4世纪罗布泊地区自然环境发生灾变，环境恶化，生态失衡，水源日益不足。虽然楼兰人顽强地进行过抗争，但最终还是放弃了他们心爱的家园。漫漫黄沙逐渐遮盖了这座城市，一个曾经辉煌的文明就这样永远消失了。

楼兰古城残存的佛塔：位于新疆若羌县。

马踏飞燕
——周游世界的经典化身

1969年9月10日下午，甘肃省武威地区金羊乡新鲜大队的民工，在武威县北郊一公里处雷祖庙的雷台之下开挖战备地道时，无意间挖掘出了一座东汉的将军墓。民工们钻进墓穴寻宝，除了一些“破铜烂铁”，什么也没有发现，于是便抡起锄头要砸“破铜烂铁”。幸好人群中有一位回乡知青挺身而出，制止了这种疯狂的行为。但他终究未能阻止众人要把“破铜烂铁”送往废品收购站的意见。情急之下，这位回乡知青给县文物部门打了电话。文物部门立即派人把文物从废品收购站收回，接着又清理了这座残墓。

墓中出土的文物共计231件，其中有3颗铸有“将军”字样的银印和一支雄伟壮观的仪仗队，包括马38匹、牛1匹、车14辆、手执矛、戟、钺等兵器武士俑17件，各式立座奴俾牵马俑29件，共计99件青铜器物分成若干组而形成一完整的仪仗队伍。在仪仗队伍的最前面带头的，则是一件飞奔中的马——奔马身高34.5厘米，身长45厘米，宽13厘米。形象矫健俊美，别具风姿。马昂首嘶鸣，躯干壮实而四肢修长，腿蹄轻捷，三足腾空，飞驰向前，一足踏飞燕着地。一匹躯体庞大的马踏在一只正疾驰的小燕子背上，小燕子吃惊地回过头来观望，表现了骏马凌空飞腾、奔跑疾速的雄姿。其大胆的构思，浪漫的手法，给人以惊心动魄之感，令人叫绝。唐代诗人李白《天马歌》中“回头笑紫燕”一句，其表现手法与此可说是不谋而合。艺术家巧妙地用闪电般的刹那将一只凌云飞驰、骁勇矫健的天马表现得淋漓尽致。该作品不仅构思巧妙，而且工艺十分精湛：不仅重在传神，而且造型写实。按古代相马经中所述的良马的标准尺度来衡量铜奔马，几乎无一处不合尺度，故有人认为它不仅是杰出的艺术品，而且是相马的法式。

古代设计师以娴熟精深的技巧，把奔马所具有的力量和速度融合成充沛流动的气韵，并浑然一体地贯注在昂扬的马首、流线型的身躯和四条刚劲的马腿上。虽然它全身的着力点集中于一足，却完全符合力学平衡的原理，在三维空间达到了“形神兼备，气韵生动，形妙而有壮气”的完美境界。那浓厚的浪漫主义气息，曾使得一代诗人郭沫若深深折服，当场挥毫泼墨，写下了“四海盛赞铜奔马，人人争说金缕衣”的豪迈诗句。后经郭老推荐，外交部长陈毅安排铜奔马与一批国宝级文物一起，赴世界各地巡回展览，发动了一场“文物外交”。在美、英、法、日、意等国家展出期间，观众如潮，将它誉为“绝世珍宝”，“天才的中国马”。这只铜奔马还被有关部门确定作为中国的旅游标志。从此，铜奔马名扬世界。

事实上，天马在汉代具有崇高的政治象征意义。汉武帝为维护和加强自己的统治，极力敦促臣民向“天马”神祇顶礼膜拜，在全国掀起“马图腾”的热潮。汉武帝《西极天马歌》云：“天马来兮从西极，经万里兮归有德，承灵威兮降外国，涉流沙兮四夷服”。在千古时空交替，物质已逝，精神却永流传上，这句话最能说明汉代的文治武功及政经状况。

汉代乃是我国开疆拓土、抵御外奴的辉煌年代，汉高祖的亲征、文景的盛世、武帝时卫青、霍去病等的开通西域，使得西域各国慑服于大汉天威，而纷纷遣使通汉，广开经贸大门。就在这样的时代背景下，这批雷台汉墓出土的青铜陪葬器物，不仅是一批非常优美的古代艺术作品，更重要的是在近2000年之后，还能见到汉代马的精神面貌，这不能不说是我国科学技术史上的一次惊人发现。

在铜奔马出土后的20年间，史学界对其设计制造者，莫衷一是，一直不能认定。直到1989年，甘肃武威的两位青年文物考古工作者董洪、白明，经过实地考察和深入研究，终于认定南阳析县（今南阳市西峡县，古称析县）人张江是国宝“马踏飞燕”的设计创制者。清人张澍所著《凉

卫青

卫青（？—公元前106年），字仲卿，河东平阳（今山西临汾）人，西汉军事将领。汉武帝时任大司马大将军，革新战法始破匈奴，首次出征奇袭龙城打破了自汉初以来匈奴不败的神话，曾七战七胜，为北部疆域的开拓作出了重大贡献。

马踏飞燕：甘肃武威雷台出土，甘肃省博物馆。

霍去病

霍去病（公元前140—前117年），河东平阳（今山西临汾西南）人，卫青的外甥，西汉武帝时期对抗匈奴的名将。霍去病善于长途奔袭，多次率军与匈奴交战，杀得匈奴节节败退。可惜英年早逝，去世时年仅23岁。

州府志备考》，其中所记东汉时期在凉州任职的唯一"侯"兼太守就是张江。他被封为南阳析侯。东汉时，凉州张掖盛产铜，凉州的冶铁技术也达到相当的水平。60年，张江由武威太守被封侯后，为表达效忠汉明帝的知遇之恩，受西汉东门京和东汉马援将军进献"名马式——铜马法"的启迪，打算为明帝铸造铜马贡品。他仿照易象太极图，以河西马独特的对侧步为姿势，定"乾"；以凉州产肃肃鸟为原型，秦时飞廉为姿态，定"坤"；将太极图中的白鱼演变为白色肃肃，黑色演变为青色铜奔马。确定了中心意旨，喻"乾坤轮回，小弱胜强"。启示明帝效汉高祖，重振雄风，打垮匈奴与羌敌。当此铜奔马送到京城洛阳时，明帝十分喜爱，特迎置于平乐观，史称"凉州贡马"。不幸的是，此铜马后为董卓所乱，攻陷京城时所毁。

第十章　透视奇观

透视奇观

石像眺海伫孤岛
——复活节岛之谜

18世纪复活节岛的古迹和居民：迪谢·德·旺希（随拉彼鲁兹远航的画家）绘。18世纪意大利石版印刷，根据拉彼鲁兹的旅纪描述制作。

它是地球上最孤独的一个岛屿。这个三角形小岛悬于浩瀚的东太平洋上，寂静和安谧笼罩着一切。往东越过3600公里的海面才能见到大陆（智利海岸），而离它最近的有人居住的岛屿，也在1900公里之外。

它也是地球上最神秘的一个岛屿。岛上数百尊硕大无比的巨人雕像，带着深邃的表情，似乎总是在谛听着什么。肤色各异的岛民们把这座小岛叫做“特一皮托一特一何努阿”，意思就是，“世界的肚脐”。

它就是举世闻名的“复活节岛”。

1722年4月5日，小岛第一次向人们揭开了神秘的面纱。

这天的黄昏时分，荷兰海军上将雅各布·罗格文率领的三艘战舰，在太平洋的狂风巨浪中已经颠簸了数月之久，所有人都疲惫不堪。就在这时，负责瞭望的水手眼前突然一亮——远方的海面上出现了一个黑点，看上去像是陆地！

他立即向船长罗格文汇报。

罗格文听到后皱起了眉头，因为，海图上标明这里并没有任何陆地！随即他在海图上用墨笔记下了一个点，并在墨点旁边注上“复活节岛”，因为那天正好是复活节。他没有意识到，他给世界上最令人困惑的一个岛屿命了名。

在兴奋和疑惑中，他们登上了这片神秘的陆地。

罗格文发现，原来这只不过是一个面积不大的岛屿，粗略估计还不到120平方公里。整个岛屿都被火山熔岩和火山灰覆盖着，既没有河流，也没有树木，只有荒草在地上生长着，老鼠是该岛唯一的野生动物。

显然，这是一块贫瘠的岛屿，探险者们不禁有些失望。但结论显然为时过早，因为紧接着看到的景象大大地出乎所有人的意料：

岛上有许多石块砌成的墙壁、台阶和庙宇。接下来，在岛的南部，他们看到了一堵巨大石墙的遗迹，石墙后边耸立着几百尊石像。

这些巨大的石像至少有10米高，是用整块石头雕成的。它们排列在海岸边，全都背朝大海站立在巨大的石头平台上，上面还刻着人物和飞禽的花纹图案。有的石像头上还戴着巨大的石头帽子，有长长的耳垂。石像面部表情十分生动，有的安详端庄，有的怒目而视，有的似乎在沉思默想，也有的凶神恶煞，杀气腾腾。

探险者们总共发现了500多尊石像，此外，在不远处的拉诺·洛拉科火山口的碎石堆里，还躺着150尊未完成的雕像。雕刻工程似乎都是突然停止的，到处散落着石斧、石镐、石钎和石凿，大石料上深刻的凿痕还清晰可见，四处布满石屑，看起来好像人们突然接到一个无法抗拒的命令，顷刻间舍弃了一切匆匆离去。

然而，海上征服者的身份马上提醒他们抛下了满脑的疑问。按照当时的惯例，罗格文召集全体人员开了一个会，拟定了一个宣布发现新土地的决议，分舰队所有的舰长都在这一文件上签了字。

尽管小岛被发现、被占领，但是它所带来的重重疑团却无法得到解答：那些巨大的石像是谁的作品？它们究竟代表着什么？它们在守望着什么？这么大的石像是怎么被搬运并排列起来的？

迷信的卫道士们不失时机地跳了出来。他们声称这些石像是外星人制作的，他们因为飞船失事被困在复活节岛上，就竖起这些石像向同类求救，当救援飞船到来后，他们便匆忙地离开了小岛。

学者们从1914年开始，对复活节岛进行了全面的考察和测绘，并逐一统计了岛上的石像的分布情况。

事实证明，这种毫无根据的幻想根本是无稽之谈。

第一，岛上采石场中找到的用玄武岩制作的石器，许多是明显因用钝了而丢弃的。由此可见，石像的

复活节岛石雕头像：法国巴黎卢浮宫藏品。

确是当地岛民的作品。

第二，石像虽然看起来无比巨大，但大多数是用比重较轻的浮石刻成，实际重量并不像看起来那样夸张，平均重量才12.5吨。

根据挪威考古学家海尔达尔的试验，证明6个人用12—15个月的时间就可以雕刻出一尊石像。即使要雕刻最大的石像，也不过只要20个人工作一年。自20世纪50年代至今，考古学家们不断组织人马用原始的办法搬运、竖立石像或复制品。结果证明，不管岛上的先民们具体用的什么方法，根据当时的条件，是完全可以用几十个人搬运、竖立一尊普通大小的石像的。

那么，复活节岛的石像雕刻为什么突然之间停止了呢？

答案在今天的人们听来，绝对不是匪夷所思。

考古学家们发现，当岛民们的祖先——一批流浪的波利尼西亚人，在约400年移居到复活节岛的时候，这里的确是个小天堂。很快，他们在岛上建立起一个相当发达的文明社会，在1200—1500年间，他们开始大量地建造石像。

但是随着人口快速地增长，人们开始乱砍滥伐，无节制地向自然索取。到15世纪时，复活节岛上的森林已经消失，所有的陆地鸟类和半数以上的海鸟种类全都灭绝了。岛上的生态被完全破坏了，人们普遍处于饥饿之中。在后期垃圾堆中，考古学家们甚至发现了大量的人类骨头，而岛上最恶毒的骂语则是："你妈的肉粘在我的牙齿上。"

终于，生存的本能战胜了石像的神圣，人们抛弃了手中的创作工具，拿起石矛、石刀等武器，战争爆发了。到了1700年左右，历经饥馑、战乱蹂躏的岛上，只剩下了2000左右的人口，复活节岛从此陷入了永久的黑暗。

现在我们似乎明白岛上的石像凝神谛听的是什么了，那就是人类遭受自然的残酷报复后所发出的绝望的哭泣。

冰人奥兹
——阿尔卑斯长眠客

埃丽卡和西蒙是一对热爱登山的德国夫妇，1991年9月，他们来到意大利阿尔卑斯山度假。在登上费南尔斯皮茨山顶峰后，两人决定沿着一条偏僻路线返回山上的临时小屋。在穿越海拔3200米的奥兹冰川途中，阳光照射下，透过半融化的冰雾，他们看见了恐怖的一幕——冰面上趴着一具尸体！

尸体的姿势很不自然，上半身露在冰外，脸朝下地深埋在冰中。他大概是一名遇难的登山者，从脱水变干的皮肤看来已经死亡多年了。西蒙取出相机为尸体拍了照并通知了警方。

一个调查组立即赶往尸体的发现地点。当他们从冰中取出尸体进行检查时，发现尸体上有一些像是受到鞭挞的痕迹，头部也有大片伤痕，这让调查人员最初以为他是一名谋杀受害者。但是，事情又让人觉得有哪里不对劲：在尸体周围已融化的冰水中，调查人员找到了一些奇怪的东西，包括装在袋子里的燧石短剑、一把金属头斧子，甚至还有弓箭和一些皮毛等。

尸体随即被送往奥地利因斯布鲁克的法医学研究所，测定的结果令人大吃一惊，这具尸体已经有5300年历史了！他死时连埃及的金字塔都还没有建好呢。

根据发现的地点，尸体被称为冰人“奥兹”。

“奥兹”是一位皮肤黝黑的北欧男子，死时大约45岁，这种年纪在那个时代已经算是高寿。严重脱水使得他的体型大大变小，就连大脑也萎缩得像葡萄干一样，只有原先的一半大小。

奥兹身体的各部分都传递出来自那个时代的信息：他的牙齿磨损得很厉害，这表明他食用一些粗糙的食物。在奥兹的右耳垂上有一处清晰的直角压痕，很可能尸体曾随着一度融化的冰川改变过姿势，也有人认为那是耳环留下的痕迹。尽管当初发现他的时候，奥兹是个光头，但是在尸体附近以及衣服残片上找到的数百根长约9厘米的黑褐色卷发表明，他在死前不久才理过发，连胡子也刮得很干净。此外，对奥兹头发的分析还显示，他曾参加过冶炼铜的工作，这说明当时人类已经开始向青铜时代过渡。

除了血管已经硬化外，其他器官的状态都非常好。他的肺部发黑，那大概是被篝火熏的。有8根肋骨曾发生过骨折，但死亡时已经愈合或正在愈合。奥兹的身体状况不佳，身上那些原本被认为是鞭打的痕迹实际上是文身，这表明他生前患有关节炎，因为古代人相信文身有类似针灸的神奇力量。他的指甲显示他是一名体力劳动者，而且在死前2—4个月里曾经得过一场重病，导致指甲的生长速度减缓。

令人感兴趣的还有奥兹的随身物品。寒冷和冰冻使它们保留下来，成为石器时代人类日常用具的绝好范例。

收集到的物品达70件之多，最重要的发现是一把60厘米长的铜斧。它是从模子里翻铸而成，捆在裹着皮条的紫杉木手柄上，甚至还配有一个皮套。这把铜斧标志着到了公元前3300年，金属已经开始取代石头成为制作工具的材料。其他的物品还包括一把长约2米的紫杉木弓，上面涂着血液或脂肪以保持其柔韧性，一块草编的垫子和草编网，以及皮袋、项链等有趣的东西。

遗憾的是，由于冰人身上的衣服年久发脆，在运输途中全部粉碎，只剩下了皮裹腿。皮裹腿里塞满了保温的野草，在现场发现的一件草编的斗篷和一顶带皮绳的熊皮帽表明，奥兹身穿的服装十分温暖，这种装束很适合阿尔卑斯山中的气候。

在整个检查过程中，一个问题始终困扰着研究者们：奥兹曾受过伤，死后他的眼睛仍然睁得大大的，似乎遭遇到什么惊恐的事情。那么，他的死因到底是什么？又为何会死在海拔3200米的雪山上呢？

人们在冰中获得了重要的线索，那就是花粉。科学家对这些花粉进行了分析，发现它们全都来自在秋季开花的植物，这与在现场找到的一枚李子在时令上相吻合，加上秋季正是阿尔卑斯山气候突变的季节，因此许多人都相信奥兹是被冻死的。考古学家斯平德勒甚至做出了生动的描述：奥兹是一位石器时代的牧羊人。秋季的一天，他赶着羊群回村子。就在这时，敌人袭击了奥兹所在的村庄，他负伤逃了出来并拼命往山上跑。跑到

3200米高处时，精疲力竭的奥兹再也走不动了，他放好随身物品，倒地便睡，结果在梦中被冻死。

这个解释看起来合情合理，X光摄片也显示出奥兹的左脚上有一块冻伤的痕迹。事实真的是这样吗？

2001年6月的一天，意大利病理学家爱德华·维吉尔偶然找到了奥兹真正的死因。那天，在完成对奥兹的常规保存工作后，维吉尔突发奇想，采用计算机轴向层析扫描技术（CAT）透视冰人。不料，这次的透视结果让他惊得目瞪口呆。

三维影像显示，奥兹的肩部有某种密度相对较大的物质，进一步检查发现，那竟然是一枚深深嵌入左肩的箭头！

奥兹皮肤上一道2厘米长的伤痕，也与箭头射入的方位相吻合。这使得研究者们猜测，这支箭才是奥兹的真正死因。长不足1英寸的燧石箭头击碎了他的肩胛骨，撕坏了主要神经和几根大血管，导致其左臂瘫痪。在他逃离的过程中，伤口大量出血，并最终因为失血过多倒在雪地里，被冰雪掩埋。

同时，对冰人所持刀具及衣服残片进行的化学分析表明，上面至少溅有另外4人的血迹，冰人的右手处也有很深的伤口。后来的研究表明，奥兹胃中残留的蛇麻草角树花粉产生于3—6月，从而推翻了死亡时间为秋季的结论。这些证据综合起来，奥兹死于战争的解释似乎才更合理。

卡巴杜西亚——地下修道院

土耳其的卡巴杜西亚地区是一片荒凉而又贫瘠的火山岩高原，面积约4000平方公里。岁月悠悠，在风雨无情的刻蚀剥离下，火山岩被切割成崎岖沟壑，形成许多奇形怪状的石堡、断岩和岩洞，看上去如同月球一样寂寞。然而，1963年在代林库尤村的意外发现，却向残酷的自然显示了信仰的力量。

德米尔是代林库尤村的一名村民，和别家一样，他家也有一个用来做冷藏室的地下室。一天，德米尔偶然在冷藏室发现了一个黑乎乎的洞口，在好奇心促使下，他将洞口清理出来，然后架着梯子从洞口钻了进去。

洞比想象中要大许多，分为许多层。德米尔弯着腰，沿着洞里蜿蜒低矮的通道前进，纵横交错的通道两旁，像蚁冢一样排列着无数房间。每一层的入口都用一块巨大的圆石堵住以防外人进入，里面的住户则可以通过地道在各层之间自由出入而不被人发觉。

他惊讶极了，在这片繁衍生息了几代的土地下，竟然隐藏着一个可以容纳上万人的巨大地下城市！

经过考古发掘显示，代林库尤村的地下城市建筑规模空前。它分为8层，仅最上层的面积就有4平方公里。城市的最下层建有蓄水池，用以储藏水源。这座地下城密密麻麻分布着1.5万条通道和1200多间石头小房间，包括住宅、厨房、礼拜堂、作坊、水井和食物贮藏室，甚至还有墓室，城市设施一应俱全。据估计，这里大约可居住1.5万人。

通往地下城市的通道隐藏在村子各处的房屋下面。此外还有完善的通风设施，52条通风口巧妙地通向地面，垂直而建的通气孔深达70至80公尺，让整个地下城从最底层到最上层都保持13℃—15℃的均温。

这是一项多么惊人的工程，单从地下清运出那么多的石渣，就要克服多少困难啊。但是，建筑者们却做到了。他们充分利用了这里的独特地质条件，石质较软的火山凝灰岩很容易凿空，而大规模火山喷发通常会形成隧道式的溶洞，只需要加上人工展拓改造即可。

此后，更多的地下城市被陆续发掘出来。它们规模不等，小得只能容几家到几十家安身，大的如代林库尤村地下城市，能够容纳万人栖身。而目前可知的每一座可参观的部分，仅是全城的20%至40%左右而已。更不可思议的是，现在所发现的这些地下城市，相互间都有地道相连通。在卡伊马克彻地下城市和代林库尤地下城市之间，就有一条10公里长的地道把它们连了起来。

这样算起来，当时整个地区曾有30万人逃到地下躲藏起来，再加上城内设计复杂的逃生通道，让人百

土耳其卡巴杜西亚地下城出口：地下城是9世纪的基督徒为躲避阿拉伯人的入侵而兴建，并居于此避难。

思不得其解：这里的建造者是为了躲避什么吗？到底那时发生了什么事情呢？

对此，学者们有不同的推测，其中一种看法认为这些地下城市是基督徒的避难所。

330年，基督教成为拜占庭帝国的国教。7世纪起，阿拉伯势力崛起，他们誓要用剑与《古兰经》建立一个强大的伊斯兰国家。双方之间战火不断，每占对方一地，就要毁掉其寺庙，强迫占领区人民改信己教。由于卡巴杜西亚地区一向荒凉而人烟稀少，外地虔诚的基督徒纷纷来到避难，于是，学者渐多，信徒日众，俨然成了一个圣地。人们最初开石砌房子，后来人数太多，开石还不如直接凿房于岩内。由地面岩山逐渐延伸于地下，于是发展成了地下城。

还有人认为，大约在2世纪或3世纪，这里就出现了第一批逃避罗马人迫害的基督教徒，以后一直延续到拜占庭时期，也就是阿拉伯军队困逼君士坦丁堡的时候。基督教徒确曾在这里避过难，然而他们并不是真正的建造者。地下城市在他们到来之前就已存在。从何时起、何人开始挖掘地下城已经不可考了，比较可靠的考古证据也只说明自西台文化时期起，地下城就开始有了雏形。在最低的一层，人们甚至发现了闪米特时代的器物。

对于卡巴杜西亚人狂热的宗教献身精神，对于他们的穴居和消失，史书全无记载。考古学家费尽心机，迄今未得出明确的答案。无论如何，有一点可以肯定，这些壮观的地下城市在12世纪左右就荒废掉了。拜占庭帝国覆灭后，穆斯林完全统治了土耳其，面临杀身之祸的卡巴杜西亚人只得四散逃亡，或迁徙到更远的基督教世界。

梅萨维德悬崖城
——失乐园的回忆

美国西南部的科罗拉多高原是一片粗犷而荒凉的红色大地，裸露荒蛮的地表偶尔点缀着一丛顽强的灌木，到处是热到发烫的石块和沙砾。然而，就是在这片

科罗拉多大峡谷：位于美国亚利桑那州。

“神的游戏场”上，隐藏着一段令人叹为观止的北美史前社会成就。

理查德·维士利尔是科罗拉多州的一个牧场主，和当时许多前往西部淘金的人一样，他狂热地梦想着能够在这里发一笔横财。

机遇在1888年12月的一天毫无预兆地降临了。

为了找回被暴风雪驱散的牛群，理查德和妹夫查理一路追寻，来到了高原上一处从未踏足的悬崖边。理查德透过狂舞的雪片，竭力向下望去，所见之物让他失声大叫：“查理，瞧那里！”只见峡谷对面的绝壁上，不可思议地布满了层层叠叠的房屋和巨大的砂岩宫殿，建筑的颜色和周围环境融为一体，壮观的景象让他们脱口而出：“悬崖城！”

理查德和查理再也按捺不住，他们乘着天色还亮，匆匆下到谷底，再寻路向对面的悬崖城爬去。古城里静静的空无一人，这里的一切都犹如屋主在前一天才刚刚离去：木石结构的屋子安然无恙，屋里还有保存完好的用丝兰植物做成的便鞋和工艺精湛的漆器，有的漆罐中甚至还装满了玉米。

接下来的整个冬天，理查德一家都忙着去那里搜寻文物，其中包括陶器、工具、绿松石珠子，甚至木乃伊。他们依靠这片遗址狠狠地发了一笔文物财，然而这种胡乱发掘以及随后蜂拥而来的冒险家们，使珍贵文物和遗址都遭到了无可挽回的破坏。

1906年，在公众保护文物的呼声中，美国国会通过保护悬崖遗址的法令，把这里严密看管起来，建立了名为“梅萨维德”的国家公园。

实际上，在这片土地上还散布着多个聚落遗址，它们都是由农业聚居的印第安人，即普韦布洛人建立的。梅萨维德悬崖城是其中最大的聚落中心，其修建者被称为“安纳沙兹”，在那伐鹤印第安语中的意思为“古居者”，他们在梅萨维德取得的成就，也被称为“安纳沙兹文化”。

20世纪50年代以来在梅萨维德的考古发现表明，

安纳沙兹人大约在7世纪进入梅萨维德，他们聚族而居，建立了规模壮阔的悬崖城。

安纳沙兹人当时仍处于母系社会，女子掌管家务和祭祀大权，财产由母亲传给女儿；男人则从事农业劳动，并兼狩猎、纺织和制作陶器。在梅萨维德遗址还发现了驯养火鸡的残迹，白底黑彩的陶器，精美的石器、骨器和手工织出的棉布。这一切都显示，哥伦布来到新大陆以前，北美社会文化已经发展到相当高的水平。

悬崖城的主要建筑——“悬崖宫”修建于11世纪左右，它实际上更像一个可供数百人居住的竖式村庄。整个建筑包括200多个房间，布局十分紧凑。考古学家们在它周围发现了一栋长达90米的房屋，其内部被间隔成151个房间，在房屋下面有23个人工开凿的地穴，最大的地穴有7间房间之大。据推测，这里大概是举行宗教仪式的地方。长屋北边的“杯子房”则可能是祭器贮藏室。

另一处著名遗址就是约建于12世纪的“云杉树屋”，全长203米，宽84米，三层全由云杉木修建而成，包括114间住房和8间祭祀室。有趣的是，这100多间屋子形状各异，有的呈长方形，有的呈圆形，还有的呈三角形，全都是按悬崖下的空地因地制宜而成。

这里气候干燥，光靠天然降雨无法满足农耕需要。一个水库遗址的出土，说明梅萨维德的居民们通过建造引水入田的大型水坝和灌溉渠道，克服了干燥的气候。台地顶上散布着玉米和其他庄稼地，所有住所都有专门的楼梯，通往台地上的田地。可以想象，在鼎盛时期，这里肯定是一片热闹而充满生机的人间天堂。

梅萨维德四周都是悬崖绝壁，为了对付外族和野兽的入侵，他们没有建造与外界相通的大门，而是在峭壁上凿出一个个小洞，仅可容手指和脚趾插入，居民们就靠这些洞上下和进出。

然而，灾难还是降临到了梅萨维德头上。自1276年始，这里发生了持续24年的大旱灾，松脆沙化的土壤再也支持不了众生。在缺粮缺水的恶劣环境下，人们放弃了这个城镇，

印第安部落居留地里的普韦布洛印第安陶器商人：1904年美国圣路易斯世界博览会。

向东迁至水源充足的地方重建家园，悬崖城从此湮没。

现在亚利桑那境内的河比部落，据说是梅萨维德的后代。他们固执地相信，祖先的精神已经留在了梅萨维德，他们的灵魂至今仍然在遗址里徜徉。

曼古湖
——最古老的火葬遗址

在澳大利亚新南威尔士西南部，离达灵河不远的地方，有一大片属于更新世时代的古老湖床。在早已干涸的湖床东面，延伸出一大片被称为“中国城墙”的新月形沙丘。

1968年11月正是澳大利亚的盛夏时节，贫瘠的湖床赤裸裸地暴露在炙热的阳光下，空气中的水分仿佛被瞬间抽干。

年轻的地质学家吉姆·伯勒忍受着干旱和酷暑，在曼古湖周边区域寻找着古代湖泊留下的痕迹，这是研究澳洲大陆冰川期地质状况的重要线索。

忽然，吉姆敏锐地注意到，一块沙丘表面下有什么不寻常的东西。

他顾不上沙丘已经被烈日炙烤得发烫，蹲下身挖出了一大块由于沙丘遭到侵蚀而裸露出来的钙质结砾岩，奇特的是，其中夹杂着一些黑色的物体。吉姆发现，那是一些外表已经炭化的骨骸。

研究结果发现，这是一具年轻女子的遗骸，尸体曾被焚烧过，骨骸随后被压成小碎块，然后集中埋在一个小坑里。

经过碳十四法对骨骼碎块进行的测定表明，其中一块骨头的磷灰石年代为19030±1410年前，而其胶原部分显示为24700±1270年前。在位于墓葬地层15厘米以上的炉子中，对木炭的测定将年代更推进到26250±1120年前。专家们认为，对这一墓葬最可信的估计应该是距今14500—26500年前。

这无疑是世界上最古老的火葬遗址。

1974年，在距离“曼古女士”发现地仅300米的地方，吉姆又找到了一具更古老、更完整的骨架，被称为

"曼古人"。这是一位侧卧的成年男子，手臂叠放在胸前，身上撒着红色的赭石粉，表明早在那时人们已经会为他们的生命过渡进行神圣的葬礼仪式。

与"曼古女士"不同的是，"曼古人"并没有被火葬，但测定结果表明他至少已经在沙丘下长眠了30000年之久。

到1998年，人们在这一区域已经发掘出大约135具破碎的人类骨骸，还有地炉等史前人类活动遗址，一幅史前人类生活的画卷逐渐变得清晰起来：

在距今45000年—42000年前，曼古湖人丁兴旺。定居在沙丘上的人们以渔猎和采集为生，有时也会捕食一些陆地动物。他们使用石器将肉从骨骼上切下来，或清埋植物的块茎，然后用一种地炉来煮食。这种地炉实际上是一些浅坑，这样的炉子在今天还被澳大利亚土著居民使用着。

40000年前，随着最后一个冰川期走向尾声，干旱状态无可挽回地开始了。到了20000年前，湖水干涸了，植物和动物大量灭亡，沙丘无情地吞噬掉了昔日的乐土。

然而，曼古湖带给人类的冲击远远没有结束。

在最初的年代测定中，专家们采用以放射性元素铀为基础的测定技术，将铀逐渐渗透进骨骸进行测定。由于这一测定方法不如碳十四测定方法稳定，得出的结论竟然为62000年前。

如果是这样的话，这一点和事实难以相符。因为第一，直到40000年前，第一个现代人类才到达了欧洲，而欧洲无疑更靠近作为人类发源地的非洲大陆；第二，即使在海平面要低得多的冰川时代，东南亚和澳洲大陆之间的距离最近也有50英里，那时的人类有这种能力吗？

1999年，为了平息围绕曼古湖墓葬年代的各种争论和质疑，吉姆从各个著名大学和相关机构召集了一支囊括各种学科的专家队伍，建立了4个独立的实验室，使用多种技术进行严格鉴定。4年的紧张工作之后，"曼古人"的新年龄最终被测定为40000年，这一结论与在澳大利亚西部和北部发现的最古老工艺品年代也相吻合。

“曼古湖确定了第一批澳大利亚人在50000年前定居，到40000年前发展出艺术和葬礼礼仪。”吉姆满意地做出总结。

著名作家马克·吐温认为，澳大利亚的历史“读起来不像真实的历史，反而像最美丽的谎言——它充满了惊奇和冒险、不协调、矛盾和不可信的事物：但是它们都是真的，而且都发生了。”的确，50000年前发生的一次变化赋予了人类迁徙和开发新环境的能力，对于第一个现代人类离开诞生地的卓越冒险而言，曼古湖的坟墓就是一个有力的证明。

纳兹卡线条
——玛丽亚的梦中情人

秘鲁南部的纳兹卡高原是地球上最干旱的地区之一，每年最多只下半小时雨。这里人迹罕至，除了遍地如锈铁片般的黑褐色碎石外，几乎什么都没有。

然而，这片荒原却令一个叫做玛丽亚的女人对它倾注了一生的爱恋。

1926年，秘鲁考古学家泰罗率领一个研究小组来到这一地区考察。

他们走在干旱的高原上，常发现地面有些不很明显的条纹，但是谁也没有在意。直到一天下午，组员瑟斯培和阿尔弗雷德·克罗伯无意中登上了一座山头，然后，他们惊讶地看到，原本平平无奇的大地上居然浮现出许多模糊的巨型线条。

这些线条其实是一些约10厘米深的沟槽。地面的石块被清除掉之后，露出浅黄色的土壤，天长日久，裸露出来的土壤也变成了同周围地表同样的紫褐色。因此，只有在高处往下俯瞰，才能发现它们的存在。

对于这些莫名其妙的“沟槽”，考古学家们没有任何概念，只得称之为“一个不知为何建造的巨大而玄妙的工程”。

13年后，纽约长岛大学的保罗·科索克教授乘坐飞机对纳兹卡荒原进行空中摄影和观察。当他从高空向下俯瞰时，发现那些“沟槽”既不是毫无意义的线条，也不是原先猜测的古代道路或灌溉系统，它们在大地上构成了一幅幅线条简洁的巨大平面作品！

保罗认为这可能是古代印第安人用来观察天象的“天体图”。为了证实自己的推测，他开始寻找某位科学家对此进行深入调查。

最后，他在利马找到了玛丽亚。玛丽亚·莱赫是一位天文学家和数学家，1903年生于德国德累斯顿，她是通过为考古学家做翻译而结识科索克教授的。

科索克教授的发现深深诱惑了玛丽亚。1946年6月，年轻的玛丽亚只身来到纳兹卡，栖身在一间简陋的土坯房内，开始了最初的研究。

第一天的研究从一条横在路上的线条开始。玛丽亚顺着这条线条向前走，很快意识到这根线条组成了一只长达45米的巨型蜘蛛。当她绘出蜘蛛图案时，又意外地发现这根线条还在继续延伸。线条蜿蜒攀上阶梯，翻越金字塔，钻过一系列锯齿形的障碍，进入弯曲的螺旋，转化成一连串星形的曲线，最后出现了一只猴子的轮廓。

玛丽亚对自己的发现兴奋万分，她知道从这一刻起，自己已经深爱上这些线条，正如后来的助手评价的那样：“她一认识这个地方就和这个地方结婚了”，这段“婚姻”一直持续到玛丽亚去世。

250平方公里的荒原上，纵横交错的直线中散落着巨大而古怪的图案，大部分图形是单线勾勒的。好像是经过数学家精心的计算，即使线条穿越峡谷或横贯山丘，每公里的偏差也仅在一两公尺之间。这些图像每隔一定距离就重复出现，只是尺寸有所不同，其准确度让所有数学家叹为观止。

纳兹卡线条模型：秘鲁利马国家博物馆展品。纳兹卡线条是出现在秘鲁南部纳兹卡地区沙漠中的神秘现象，1939年由两个美国人发现，对于巨大的纳兹卡线条的成因，人们至今仍无法破解。

许多学者认为，线条是古代纳兹卡印第安人的杰作。从在纳兹卡地区发现的陶器碎片看来，上面的动物形象与线条画极为相似，两者之间显然存在密切联系。

玛丽亚通过计算发现，尽管每砌出一条线条，都必须移动数以吨计的小石头，但只要动员1000名印第安人，费时3周，便可把所有要移去的石头都移去。纳兹卡人将这些设计图划分成若干单位，再依次放大，最后就能够形成完美的复制。

至于巨大线条的画法，线条中残留的木桩给了她启示。玛丽亚认为，纳兹卡人在两根木桩之间拉上绳索，就画出了直线；而某些近似圆形的部分，则是将绳子的一端固定在木桩上，然后利用另一端当做圆规的一脚来画出的。

1986年8月6日，美国肯塔基大学的乔·尼克尔教授等人，在一块荒地进行了一次实验，证实了玛丽亚的推论。

古纳兹卡人根据太阳升起和落下时照射在哪条沟道线上的角度来确定四季和时辰，所以玛丽亚将纳兹卡线条称为“复杂的巨型日历”。

她踏遍了这里的每一寸土地，追随着每根线条，绘制了一幅标注了无数纵横交错的线条和图形的地图，当地图制成时，她已经是72岁高龄了。

在研究著作《旷野的秘密》出版后，她将有限的稿费用来聘人守护线条，并四处奔走呼吁，阻止了当地政府对这里的改造工程。

1998年6月8日，无情的肠癌夺去了玛丽亚的生命。她被安葬在这片土地上，最终与深爱的线条融为一体。

姜女与碣石——辽宁绥中秦汉建筑群遗址揭秘

曹操放歌的海中碣石：位于辽宁绥中东戴河。

“碣石”最早见于《尚书·禹贡》，据称大禹治水，“至于碣石入于海”。秦始皇统一六国后曾五次东巡，其中第四次北上到达碣石，目的之一是为了找寻长生不老之药。此后，碣石便与帝王结下了不解之缘。曹操慕名而至碣石，留下了脍炙人口的《观沧海》。

“往事越千年，魏武挥鞭，东临碣石有遗篇。”20世纪70年代，毛泽东《浪淘沙·北戴河》一词的发表，引起了考古学界对“碣石”的极大热情。

1981年春，辽宁省全省文物大普查，在绥中县万家镇杨家村古遗址采集到一些建筑瓦件。第二年锦州市文物普查队对该遗址及周边地区进行二次详查，相继发现了石碑地、止锚湾、黑山头、周家南山、大金丝屯等古代遗址。

在石碑地遗址前距海岸线四百多米处的海中有三块天然礁石，东边一块为一完整的海蚀柱，高20多米；西边两块较小，而且其中一块没有根基。原为一对柱状礁石呈东西向分布，不知在什么年代西侧石柱倒塌，形成了现在的状态。民间传说它就是孟姜女的坟，因此当地百姓又叫它们为姜女坟或姜女石。在姜女石以西山海关附近有姜女庙，明清时香火极盛，据说康熙等四位皇帝曾亲临拜祭，且御笔题诗以纪念这位贞女。

传说在很久以前的江苏松江府孟家庄，有个姓孟的老汉在自家院墙下种了一些葫芦。葫芦长势非常好，其中一棵葫芦的枝蔓竟爬到邻居姜家院里，更奇的是，它只结了一个硕大的葫芦，于是两家相约共同分享。收获季节到了，把葫芦打开时却发现里面有一个女婴，由于两家有约在先，于是给小女孩取名孟姜女。时光荏苒，转眼孟姜女长大成人，并与知书达理的范喜良坠入爱河。不幸的是，就在他们准备共结连理的时候，范喜良却被秦兵抓去修长城了。

孟姜女日夜思念远在边关的丈夫，担心他没有御寒的冬衣，于是决定千里寻夫，给丈夫送棉衣。孟姜女好不容易来到山海关长城脚下，却得知心上人早已不在人世，顿时悲从中来，满腔悲愤化作感天动地的呼号与泪水，一直哭了七天七夜。只听轰隆一声巨响，长城倒塌了八百里，而她丈夫的躯体此时已变成了森森白骨。

秦始皇闻听此事大为恼怒，命人将孟姜女抓来，当他看到孟姜女的娇容后，却色迷心窍，决定纳她为妃。面对夺夫仇人，弱女子假装答应，同时提出了厚葬丈夫和秦始皇亲自祭拜的条件。面对绝色佳人的条件，秦始皇强压

曹操

曹操（155—220年），字孟德，一名吉利，小字阿瞒，沛国谯人（今安徽亳州），东汉末年著名政治家、军事家、文学家，三国曹魏政权的缔造者。后被追尊为魏武帝。他统一了北方地区，大力推广屯田，对农业生产恢复有很大作用。他的诗作具有创新精神，开启并繁荣了建安文学，史称建安风骨。

秦皇岛山海关孟姜女庙：又称贞女祠，位于山海关城东约6公里的望夫石村后山冈上。庙始建于宋朝以前。明万历年间重修。现存的孟姜女庙即为明万历年间的建筑。

秦汉碣石宫遗址：位于辽宁绥中东戴河海滨。

心中怒火，勉强答应。拜祭完范喜良，在返回的船上，孟姜女突然怒斥秦始皇暴虐无道，然后纵身跳入大海。不久之后，海中慢慢升起了两块礁石，其中高的那块形似人身，那是孟姜女的化身，小的那块则是她随身携带的包袱。

哀婉美丽的传说，为揭开碣石这个千古之谜埋下了伏笔。

考古专家说，姜女石就是秦始皇东巡所至的碣石！正对着姜女石的石碑地遗址应该叫“碣石宫”，其他遗址是与之相关的附属建筑。

碣石宫遗址位于姜女石对岸的一处高敞台地上，总体布局呈曲尺形，主体建筑主要集中在中南部。西、北部为整齐划一的大型院落，各院落之间有门道相通。各组宫殿建筑之间、各宫殿与中心大夯土台之间均有廊庑建筑相连，曲曲折折，蜿蜒不断。整个建筑的布局显得高低错落，疏密有致。

中心大夯土台是边长42米见方的大型高台建筑基址，其建筑基础分两个部分：最下部是总基础，类似于后期建筑的“满堂红”；上部是宫殿和房屋建筑的基础。由基础的分布状况可以看出，其上原有大型宫殿3座，小型房屋4间。宫殿前后均有回廊和散水。台基的东、西、南面分布有壁柱，回廊地面有柱洞及础石，廊外有散水，并以长条形地面砖和空心砖残片镶边。

台基的南面分布有东、西台阶，东西两面各有一侧阶，系用两排空心砖并排铺设而成，台基高出院落地面达2.1米，可见当时建筑的宏伟。高大的东西阶应是文献中记载的“陛”，与皇帝“陛下”有直接的渊源关系。整个建筑群布局恢弘，构思独到，造型别致，展现了秦朝的国力和技术水平。

辽宁绥中的此次考古，不仅揭开了碣石之谜，回应了世人关于孟姜女的种种遐想，对于秦代的建筑史研究也具有十分重要的学术意义。

第十一章　慧眼识珠

慧眼识珠

世界第九大奇迹——南阳恐龙蛋化石

在河南省南阳市西峡县，有一处地方被称为“中原张家界”，那就是伏牛山老界岭。那里林海莽莽，山势陡峭，峰峦叠嶂，气势磅礴。亚热带向暖温带过渡的气候使得这里四季分明，美不胜收。山上数十里为天然林区，悬崖古松相映成趣。山脚潭瀑相间，石壁陡峭，林木丛生。

当你置身这人间仙境的时候，怎会想到在距今9000万年前，大约在中生代白垩纪早期，这里曾经生活着成群的恐龙。它们的孩子——恐龙蛋，就埋在这灵山秀水之下。

恐龙蛋并非世间罕见，在南阳恐龙蛋被发现之前，世界上许多国家已有发现。但是，南阳的恐龙蛋却被联合国教科文组织誉为20世纪“世界第九大奇迹”，原因何在？

在1993年之前，世界上发现的恐龙蛋大概有500多枚。然而，现在仅南阳一处就发现了近万枚，据估计还有数百万枚仍埋在地下，南阳有近百公里遍布它们的踪迹。难怪被称为“世界第九大奇迹”！

岩石中的恐龙蛋化石：发现于河南南阳西峡县丹水镇。

众所周知的是，恐龙的体积之大、体重之高在陆地上应该是“王”了，除了海里的鲸鱼，没有敢与它媲美的。可是，很少有人知道，这么大的恐龙，它的蛋却小得让人不敢相信。它们一般长10—15厘米，最小的只有2—3厘米，最大的也不过50厘米。也就是说，恐龙蛋小者如鸡蛋，大者如饭碗。

为什么大恐龙不下大蛋呢？

原来，如果蛋很大的话，蛋黄和蛋白就比较多，这样无形之中压力便会增大，蛋壳毫无疑问就极易破碎。如果让蛋壳足够厚的话，氧气就很难进入壳内，这不仅对小恐龙的孵化不利，而且小恐龙破壳而出也会比较困难。

可是，这么小的蛋如何能长成那么大的恐龙呢？其实很简单，恐龙与其他动物不一样，它的独特之处就在于它一生都在不停地长个。

值得一提的是，每窝恐龙蛋的数量都很多，最多可达30枚。为什么恐龙要生这么多的蛋呢？

如果了解恐龙当时生活的恶劣环境，这也就不足为奇了。白垩纪的时候，气候既干燥又寒冷，雌恐龙内分泌失调，导致生下了没有孵化能力的薄壳蛋。另有一种说法是，当时寒冷的气候使得孵化出的恐龙雄少雌多，造成性别比例严重失调。有的雌恐龙因没有机会受精而导致下的蛋成了“哑蛋”。通常情况下，每窝恐龙蛋最终孵化出的幼崽仅有几只能够幸存，恐龙用“多产”的办法来提高后代的成活机会，不失为明智之举。

更有趣的是恐龙蛋的排列。从出土的恐龙蛋可以发现，恐龙蛋的排列可谓奇异多姿。有的排成一行，有的围成一圈，还有的则是随机而排、杂乱无章，没有一定的规律。但是，有一点可以说明恐龙还是很聪明的，那就是，它把圆形的蛋平放，而把易碎的长形蛋斜插在土里，以提高它的抗压性。

认识了恐龙蛋之后，我们仍在迷惑：这“世界第九大奇迹”最初究竟是如何被发现的呢？

那还得从1974年夏天说起。

这一年夏天，炎炎烈日炙烤着南阳淅川这片土地。河南省地质队的几个同志在结束了一天的工作之后，走在返回的路上。其中一个同志不堪疲惫，半路上停下来坐在路边休息。

突然，身边的几块奇怪的“石头”吸引了他的目光，他顺手拿起锤子拨了几下。

就是这一“拨”，拨动了中国整个考古界和地质界，也拨起了世界的震惊。前面提到的南阳后来发现的近万枚恐龙蛋化石也因这一“拨”得以重见天日。

当联合国教科文组织将南阳恐龙蛋誉为“世界第九大奇迹’，从而成为继陕西西安秦始皇陵兵马俑“世界第八大奇迹”的又一奇迹时，这已经充分说明了南阳恐龙蛋的重要地位。南阳恐龙蛋不仅是中国的宝贵财富，而且是整个世界的自然科学文化遗产。要探索恐龙生存和灭绝的奥秘，恐龙蛋化石无疑可以提供弥足珍贵的最新信息。同时，据专家判断，从化石埋藏层的倾斜角度看，南阳的西峡盆地是与喜马拉雅山和欧洲的阿尔卑斯山同时隆起的，这对研究新构造山运动带来了不可多得的材料。不仅如此，它对古生物、古环境和古气候的研究同样具有举足轻重的价值。

马厩藏国宝
——虢季子白盘露真容

1950年3月10日，在北京团城的承光殿里，聚集了董必武、郭沫若、沈雁冰、马叙伦、陈叔远、范文澜等一大批文化界名人。吸引他们不约而同来到这里的，是一件西周时期的青铜重器，被誉为西周三大青铜器之一的虢季子白盘，也是三大青铜器唯一保存在祖国大陆的

虢季子白盘：西周宣王十二年（公元前816年）造，高39.5厘米，口长137.2厘米，口宽86.5厘米，重215.3千克，清道光年间陕西宝鸡虢川司出土。中国国家博物馆藏。

一件（散氏盘和毛公鼎去了台湾）。关于虢季子白盘从出土到流传的曲折过程，还有一段离奇的故事。

清同治三年(1864年)四月，李鸿章的淮军攻占了太平天国的军事重镇——常州，淮军铭字营的首领刘铭传住进了昔日的护王府。

一天深夜，刘铭传正在灯下披卷阅读，突然从院子里传来叮叮当当金属的撞击之声。刘铭传大惊，以为太平军残部夜袭，急呼亲兵戒备。等冲进院子里，灯光四下一照，空荡荡并无人影。正在惊疑不定之中，又有叮当之声传来，仔细一听却是发自马厩。众人小心翼翼搜索过去，灯光下马厩中空无一人，只有刘铭传等人的坐骑正在埋头啃吃草料，那撞击声却是马的衔佩与马槽相碰发出来的。众人于是大松了一口气。刘铭传心里纳闷，昏暗的灯光下也看不出所以然，便上前用手摸摸，却发现马槽非木非石，而是硬梆梆、冷冰冰的金属，难怪会发出像兵器的碰击声了。

第二天一早，刘铭传按捺不住好奇的心情，再一次来到马厩，命亲兵们将马槽刷洗干净。这才发现是一个有四条曲尺状矮足的古铜器，长约130厘米，宽约82厘米，高约41厘米，重约230公斤，器身上铸满了古雅的花纹，器内还刻着蝌蚪文字。

刘铭传在外闯荡多年，在文物方面也有些见识，知道这必是一件古董，便派兵将这件铜器护送回了老家安徽肥西刘老圩。

1872年，刘铭传从直隶提督督办陕西军务任上告假3月。谁知走后不久他的铭字军便因不服新统领管束酿成兵变，刘铭传因此被革去官职，从此赋闲在家达13年之久，直到1884年中法战争出任台湾巡抚。

刘铭传回到家乡后，为弄清楚古铜器的情况，特地从安徽霍山县请来了一位博学的老先生进行考证。老先生告诉刘铭传，铜器的名叫“虢季子白盘”。它上面有8行共111个字的铭文，记录的是西周宣王十二年(公元前816年)时，虢侯的第4个儿子“白”奉宣王之命，征讨匈奴，大获全胜，受到宣王赏赐，“白”为了纪念这次殊荣，特意铸造了这件铜盘，以传之后代。

铜盘传说是道光年间在陕西宝鸡虢川司出土的，后被陕西郡县县令徐燮钧得到。徐是常州人，卸任之后，便把这件铜盘带回了常州。老先生的考证结果，使刘铭传欣喜若狂，特地请人建造了一座凉亭，取名为“盘亭”，专门用来放置虢季子白盘。在亭子周围广置花木山石，掘地蓄水为池，构成了一个以“盘亭”为中心的小型园林。闲暇之时，即与二三好友在此饮酒玩赏，颇得隐逸之乐。

刘铭传招摇的做法，引起了古董收藏家们的关注，其中包括同治皇帝的老师、刑部尚书翁同龢。翁同龢先是重金收买，后又提出将女儿许配给刘铭传长子，刘铭传知道其中用意，以种种理由婉拒。

1891年，刘铭传辞去台湾巡抚之职，回到了大陆。不过他没有回肥西老家，而是带着妻妾、三子、四子搬到了他在六安九公山新建的别墅刘新圩。刘老圩旧居则由长子、次子留守。有人提议将虢季子白盘也搬到九公山来，被刘铭传拒绝了。多年的宦海沉浮使刘铭传有所感悟，觉得还是让它呆在老家为好。

1894年冬，一把意外的大火，将刘老圩烧成了一片白地。但虢季子白盘却幸免于难。

1896年，刘铭传仙逝。其子孙恪遵其训，不遗余力地保护着虢季子白盘。当国宝传到第四代孙刘肃曾手中时，正是中国社会多灾多难之时。觊觎这一国宝的人形形色色，络绎不绝，手段各异。美国人、日本人，国民党安徽省主席李品仙都曾经打过虢季子白盘的主意，但均遭到刘肃曾的拒绝。

新中国成立后，政务院曾电示皖北行署查访其下落。为了更好地保护好这件国宝，刘肃曾决定将虢季子白盘献给国家。皖北行署为此特别奖励刘肃曾大米5000斤。

1950年2月，刘肃曾亲自护送虢季子白盘到北京，并在团城的承光殿作了特展。郭沫若先生曾为此赋诗一首：“虢盘献公家，归诸天下有。独乐易众乐，宝传永不朽。省却常操心，为之几折首。卓卓刘君名，诵传妇孺口。可贺孰逾此，寿君一杯酒。”

流沙觅简牍

——命运多舛的居延汉简

在中国，不知道敦煌藏经的人不多，但不知道居延汉简的人不少。然而在20世纪初，居延汉简却与敦煌藏经、殷墟甲骨和大内档案同被学术界列为东方文明四大发现。

简牍是我国优秀的古文化遗存物，从殷周到汉晋的2000多年间，竹木简牍一直是历史记录的主要载体。但随着岁月的流逝，大多数实物资料已不复存在。

20世纪初，英籍匈牙利人斯坦因和瑞典人斯文海定先后在新疆的楼兰、尼雅和甘肃的敦煌长城一线发现了大量汉晋简牍。1914年，旅居日本的国学大师罗振玉和王国维先生藉此发表了《流沙坠简》，由此而兴起了可与敦煌学比肩的中国简牍学。甘肃是中国简牍学的发祥地，甘肃金塔出土的居延汉简，可以说是众多简牍中璀璨夺目的明珠之冠。

居延汉简：甘肃额济纳河流域出土。现藏于台湾中央研究院历史语言研究所。

居延地区系指黑河下游(弱水)流域，为古匈奴地名，因黑河源祁连山，流经张掖、临泽、高台、金塔鼎新片绿洲、下游注入额济纳旗的居延海而得名，今行政区划上游属金塔县鼎新片，下游属内蒙古额济纳旗。原属酒泉地区今划归内蒙古的额济纳河，古代被称为“居延”，是南北重要通道。汉武帝时期曾经在这里修筑军事设施，大规模进行屯垦，古代战略地位十分重要。

1930年，中瑞西北科学考察团在汉代河西四郡的居延地区发现了居延汉简，出土的汉简3万余枚。居延汉简大多发掘于金塔县境内肩水金关、大湾城、地湾城等汉代烽燧遗址，这些烽燧遗址因此而出名。

居延汉简由新旧两部分组成，习惯上将1930年出土的称旧简，1972年至1976年出土的叫新简。

居延旧简是前西北科学考察团于1930

年由考察团团员瑞典人贝格曼在居延地区的大湾、地湾、破城子等处发掘的简牍，共有1万多枚，除少量竹简外，大部分为木质简牍。这批简牍出土后，几经周折，先是保存在北京大学图书馆，抗日战争爆发后，转移到香港大学。1940年8月，又转运到驻美国华盛顿的中国大使馆。25年后，经台湾当局与美方接洽，居延汉简于1965年11月原封未动地运回台湾，至今保存完好。

居延新简是1972年至1976年，由甘肃省博物馆、酒泉地区文化主管部门和当地驻军等单位联合组成的居延考古队，在破城子、肩水金关和甲渠塞第四燧等处发掘获得的汉简2万余枚。其中绝大多数是木简,竹简极少。

居延汉简是国内简牍出土的最大宗，即使在全世界范围内，也是首屈一指，不仅因为其数量最多，而且具有极高的科学、历史与文物价值。

居延旧简最早的纪年简为武帝太初三年(公元前102年)，最晚者为东汉建武六年(30年)。居延新简的纪年最早者为天汉二年(公元前99年)，最迟者为建武七年(31年)，以宣帝时期为多。

居延汉简的质地可分为竹、木两类，竹质的称之为简，木质的为牍，一般都称之为简。为了便于在竹简上书写和保存，在使用前还要将竹简用火烤干。竹简中的水受高温而渗出，犹如人之汗出如浆，所以被当时的人称为“汗青”，也有叫“汗简”、“杀青”的。后来人们也把史书称为“汗青”。文天祥的名句：“人生自古谁无死，留取丹心照汗青”，就是一个经典的说明。

居延汉简的长短、宽窄、厚薄各异。出土的汉简，尺寸最长有88.2厘米，最短仅3.8厘米。所用木质较好，极少腐蛀，不见木结，虽经2000年，但木简仍坚。木简表面未见有特殊液体涂染浸泡痕迹，但对错字的刮削修改痕迹，则十分明显，尤其以侧面观察，更为显著。

简牍编联大致有三类方式，一种是在简的一侧，距顶端6至7.5厘米处，刻有一三角形的小楔口，以固定编绳，使之不易脱落或上下移动，另一类是用直径为1至1.5厘米的细木条，从顶端一劈为二，略加修整，正面剖光，磨平，于端尖0.7至1.6厘米处左右两侧刻以三角形楔口，拴以麻绳，结以活扣，便于悬挂。还有一种是在顶端向下1至3厘米处中间穿一小孔，再拴上麻绳，便于悬挂。

居延汉简依其自书名称，有牒、检、板、檄、椠、简、两行、觚、册、符、传、过所、削衣等分类。

居延汉简内容主要包括经籍、诏书、簿记、书信、历法、医学、法律、户籍等方面，史料价值和艺术价值十分重要，对于研究汉代的政治、军事、经济、文化、书法、语言、民族、交通等具有不可或缺的意义，被学者称之为是一部珍贵的汉代编年档案史料集。

良渚玉通神
——惊世绝伦的玉器文化

良渚是浙北杭嘉湖平原上一个普通的小镇，属余杭，紧邻杭州，境内有苕溪流过，鱼肥稻香，是个物阜民康的好地方。良，好也；渚，水中间的小块陆地也，“良渚”二字正是这个鱼米之乡的真实写照。

这一带引起人们的注意，是在19世纪末到20世纪初。当时这里的村民在田地里常常能挖到玉器。在安溪乡，冬闲挖玉，甚至成了一种副业。农民挖到玉后，挑到上海去卖，获利可观。这件事引起了良渚镇上一位研究地质又爱好考古的小青年施昕更的兴趣，当时他正供职于杭州西湖博物馆。1936年经馆里批准，由他负责组织发掘。因遭乡民阻拦，小规模地发掘了6个点后，便匆匆收场。虽然没能挖到玉器，只挖到了一些陶器和石器，但意义却很重大。经认定，这些陶、石器比施昕更想挖的“周、汉玉器”还要早，它证明江南和中原一样有久远到石器时代的文化。但当时这些文物被认为是山东龙山文化向南发展的一个分支，时代晚于龙山文化。

相似的遗物在浙北苏南等环太湖地区又陆续有所发现，人们逐渐认识到这些遗存与山东龙山文化有很大差异。1959年经夏鼐先生提议，正式将其从龙山文化中分离出来，定名为“良渚文化”。这支文化距今

玉琮：余杭良渚反山出土，属于新石器时代良渚文化，浙江省博物馆藏。

5300—4200年，其上下限比龙山文化（距今4500—4000年）都要早。这是一支以稻作农业为经济基础的原始文化，陶器、石器、漆器及丝麻纺织业已相当发达。遗憾的是在很长一段时间里，有关良渚文化的考古发掘仍未见玉器。

事情直到1972年春天才出现转机。这年江苏吴县唯亭砖瓦厂在草鞋山取土时发现了许多玉器，其中一部分被吴县文化馆和苏州市文物商店征集、征购，他们觉得这批玉器和30年代在浙江良渚出土的玉器非常相像，于是在次年3月组织发掘了草鞋山遗址。这次发掘不仅在遗址中发现了马家浜文化、崧泽文化和良渚文化之间完整的地层叠压关系，确立了太湖流域新石器时代的文化发展序列，而且在良渚文化大墓中发现了璧、琮、钺等玉器，第一次在考古学上确认了这些玉器是良渚文化的遗存物。至此，这些玉器总算找到了它们真正的历史坐标。

继草鞋山之后，江苏吴县张陵山、武进寺墩、上海青浦福泉山、浙江余杭汇观山等良渚文化遗址也都出土了大批的精美玉器，尤其是1986年发掘的良渚反山遗址和1987年发掘的良渚瑶山遗址更是让人震惊，这是两个王陵性质的墓地，出土的玉器有时一墓达上百件，且多为鸡骨白玉。

良渚玉器以透闪石、阳起石系列软玉为主，属真玉，仅有个别蛇纹石、绢云母等假玉，其中墓葬等级最高的反山墓地里发现的几乎全是真玉。良渚时代还没有金属器，但玉器的雕琢已表现出高超的技巧，阴纹线刻、浅浮雕、半圆雕、透雕等多种技法运用娴熟，图案或花纹匀称和谐，结构严谨，有的阴纹线刻比毫发还要纤细，在放大镜下才看得清。

良渚古玉的原色以黄绿居多，但因受潮或褪色也有许多变成了棕红、棕黑色或鸡骨白、象牙黄。从区域看，浙北良渚一带多见鸡骨白和象牙黄，苏南地区多见青黄斑玉，再往苏北走，则多见棕黑色。

这些出玉的大型墓地都营建在人工夯筑的高土台

上。土台既是墓地，又是祭坛。随葬的一些陶礼器和玉器上有类似文字的刻符，有些墓甚至已出现人殉，而有玉钺随葬的墓则必定也有玉琮，说明墓主既是军事首领，又是宗教首领。“国之大事，在祀在戎”，同时掌握了这两种权力的人，也就是掌握了政权的“王”。而与此形成鲜明对比的是附近平地上的小型平民墓葬，他们的随葬器少得可怜，主要是陶器，几乎没有玉器。这表明当时贫富分化已相当明显，社会财富和权力已集中在部分权贵手里。

良渚莫角山遗址明确地暗示了良渚社会已处在国家的边缘。在其周围34平方公里的范围内，不仅有反山、瑶山、汇观山等高等级大墓地、祭坛，而且有50余处出土过玉器的遗存点，证明当时已形成了一个与良渚文化范围大致相当的宗教与政治实体，其统治中心即在良渚。

有人推测，建立中国第一个王朝——夏朝的人就是北迁的良渚人。这种观点虽尚缺有力的证据，但说良渚人为中华文明的形成，尤其是对中国礼制中用玉制度的形成作出过贡献，应该不算妄言。

炉前抢国宝——毛公鼎传奇

清道光二十三年(1843年)冬天一个寒冷的夜晚，陕西西安偏僻小巷的一个小铁匠铺里，锻炉火焰熊熊，铁锤敲打之声盈耳。

这时候从外面走进两个人来，看模样是一对兄弟。这两人进来后，目光就在那一堆堆的破铜烂铁上转来转去。猛然间眼前一亮，一件绿锈斑驳的铜器映入眼帘。两人不动声色地走上前去，细细地打量起来。这是一件古铜鼎，除了外面有漂亮的花纹外，器里还有密密麻麻的蝌蚪文字。两人找到老板，指着铜鼎问：

“那件东西化了干啥?”

“做门扣。”

“做出来的门扣值多少钱?”

“三十两银子。”老板狡诈地笑道。

两人交换了一下眼色，掏出三十两银子递给老板：“这是三十两银子，请过目。”

西周毛公鼎：清道光末年在陕西省岐山县出土。现藏于台北故宫博物院。

“天价！”老板喜出望外，挥挥手说：“你们扛走吧。”

这两人还真是一对兄弟，老大叫苏兆年，老二叫苏亿年，在西安城里开了一家古董店。今天他们无意中“捡”回来的这件铜鼎，却是一件价值连城的国宝。

这件铜鼎，就是我们今天所知道的现存铭文最长的“毛公鼎”。它上面共有铭文32行，499字，记录的是周宣王对大臣毛公的册命，对于研究周代历史有着十分重要的史料价值。它与散氏盘、虢季子白盘一起，并称为西周三大青铜器。

苏氏兄弟得到毛公鼎以后，立即拓制了一些拓片，向金石收藏家们广为推荐。其中包括当时有名的金石学家、古董收藏家陈介琪。陈介琪几经周折，10年以后以重金购下，终于得偿宿愿。

陈介琪得到毛公鼎后便密藏起来。每当有人问及，他总是三缄其口。即使是毛公鼎的拓片，能见到的人也不多。唯其如此，当时在古玩市场上，一张毛公鼎的拓片也价值不菲。

据说有一次陈介琪的女婿进京赶考，来找岳父大人借钱。陈介琪问他需要多少钱，回答说要四百两银子。陈介琪二话没说，进书房拿出几张纸交给他说，你拿上这个，到京城后自然就有钱了。女婿接过纸来一看是几张毛公鼎的拓片，心里很不高兴。进京后不久，带的钱花光了，只好拿出那几张拓片变卖。谁知拓片才亮相，便有许多人前来争购，很快几张拓纸就换回几百两银子。此时才知岳父并未骗他。

光绪十年(1882年)，陈介琪驾鹤西归，遗命毛公鼎由二子陈厚滋保管。陈厚滋恪遵父训，同样将毛公鼎贮之密室。陈厚滋死后，毛公鼎传给了儿子陈孝莛。然而孝莛不孝，将祖训置之脑后，于是毛公鼎也就泰极否来，厄运当头了。

陈孝莛想发家致富，可是苦于没有门路。正在这时，有人将乌纱帽拱手送上门来。此人亦姓陈，是前来为端方做说客的。

原来此时端方正有广收天下宝器以贮之之意。对毛公鼎也是久已闻名。陈子久投其所好，遣其子前往陈家说项，除白银1万两外，并诱之以一年任期的湖北省银元局主管。陈孝苼掂量一番后，将毛公鼎转手给了端方。殊不知银元局主管只不过是诱饵而已。鼎已到手，自然再没有人提及此事。陈孝苼自知上当受骗，羞愤之下，一病不起，撒手人寰。

毛公鼎在端方之后，又曾几经转手，不过其流传过程已不为人所知。直到抗战胜利以后，才再次在上海露面。

得到毛公鼎的是一位发了国难财的商人。他为了保住已得的利益，将毛公鼎送给了国民党军统头子戴笠。时任国民党教育部社会教育司代理司务的徐伯璞曾经期望以舆论的力量使戴笠交出这件国宝，结果无功而返。

1946年戴笠坠机而死，其部下按照“上海敌伪物质管理委员会”提供的清单，清查戴笠生前侵占的国家资财时，发现清单的第一项第一件东西便是“毛公鼎”，可找来找去却怎么也找不到，最后在军统杜美路办事处三楼的办公室里，发现一个用来烧废纸的香炉，它就是国宝级文物——毛公鼎。

徐伯璞知道此事后，立即亲往上海同“上海敌伪物质管理委员会”进行交涉，将毛公鼎带回南京。1946年7月，他郑重地将国宝交给了当时的中央博物院。院长李济博士为感激他的努力，特意赠给他一张毛公鼎铭文拓片。拓片上有曾任武汉大学校长的著名法学家王世杰先生的题字：“毛公鼎为周宣王时器，四百九十九字，文辞瑰丽典雅，为吉金之冠。中华民国三十四年九月，日本既败，河山重光，藏者献之……一代重器得为国家永保，欣喜之余，谨勒辞以记之。王世杰敬识。”

新中国成立前夕，毛公鼎被运往台湾，现藏台北故宫博物院。

李济

李济（1896—1979年），字受之，后改济之，湖北钟祥人，近代人类学家、考古学家、中国考古学之父。1926年发掘山西西阴村新石器时代遗址，成为中国考古学史上首次正式的考古发掘工作；1928年至1937年主持殷墟发掘，塑造了中国考古学学术体系的雏形。他坚持以第一手材料作为立论依据，并从文化人类学的观点诠释考古资料。

毛公鼎铭文（部分）：铭文32行499字，是现存最长的铭文，是研究西周晚期政治史的重要史料。

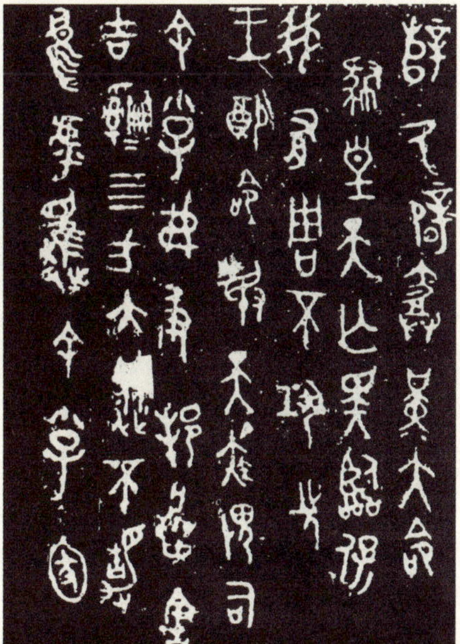

“小人头”藏大秘密
——狮子山兵马俑觅主

讲究厚葬的中国古代帝王，几千年来犯着一个相同的错误：他们在墓穴里享用着太多奢侈的陪葬品，这些东西不光让人眼红，甚至还刺激出了一个古老的行业——盗墓。有的帝王陵墓，历史上竟然被盗过600多次。“要想富，盗古墓”，并非今天的专利，而是古已有之。

考古与破案颇为相似。不过考古学家所要破解的，是一些历史悬案。那些被盗墓贼反复搜刮过的陵墓，破案难度很大，而发生在这些陵墓主人身上的故事大多颇具戏剧性。

1984年12月，江苏徐州狮子山脚下意外发现了大批汉代兵马俑，由此揭开了一场破译历史悬案的侦探工作。

那是一个周末的中午，江苏省徐州市狮子山村小学的几个学生出门玩耍，穿过一个刚刚被推土机推出的采土场。突然，不知是谁一脚踢中了一个圆圆的东西，几个孩子急忙跑过去把它拾了起来，仔细一看，小圆球上居然有鼻子、眼睛和嘴，是个用泥土烧成的小人头！

村干部把发现“小人头”的情况向市博物馆作了汇报。有关专家很快来到工地，他们发现泥土里不仅仅只有小人头，而且有身体，是一个个外形像人的陶俑。

采土场发现陶俑，徐州市有关部门非常重视，迅速组织考古人员赶往现场。12月5日，考古专家王恺和他的同事们来到狮子山村。经过60天的探察，发现5个俑坑，陶俑总数达4000多个。

陶俑主要有立式和坐式两种，立式俑高48厘米，坐式俑高25厘米。虽然尺寸比起真人小了不少，但五官清晰，四肢完整，完全按照真人模样制作。立式的是步兵，坐式的是驾车的驭手和车兵，俑坑中还有马俑，马俑后面站着的官员应该是指挥官。整个队伍里没有其他的动物俑，也没有女性俑，可以断定，这次狮子山发现的是兵马俑军阵。

俑坑中的队伍让人联想到秦始皇兵马俑，但狮子山兵马俑与秦俑明显不同：秦俑和真人大小差不多，兵俑的表情、服饰、发型都各不一样，每一名陶俑都有各自的性格特点，是完完全全真人的复制。狮子山兵马俑的神情都很相像，相同兵种的俑更加类似，似乎是从同样的模子里铸出来的。与秦兵马俑相比，这是缩小版的军阵，但同样代表了一种等级。

在中国古代礼制中，只有皇帝或者是身世显赫的人下葬才能使用兵马俑。迄今为止，中国只发现过两处大规模的兵马俑陪葬坑，一处是陕西西安的秦始皇兵马俑军阵，另一处是陕西咸阳发现的杨家湾兵马俑。

从历史上看，没有皇帝葬在徐州，但徐州却曾是西汉时期的诸侯国——楚国的都城，存在过十二代刘姓楚王，他们死后都葬在了当地。用军阵送葬是一种等级很高的葬礼，只有楚王统治徐州的时候，才有条件有能力完成这样的杰作，那么，兵马俑的主人会不会是这十二代刘姓楚王中的一位呢？

发掘兵马俑后不久，王恺担任了狮子山兵马俑博物馆的馆长，找到兵马俑的主人成了这位考古学家最重要的任务。王恺经常拎着一把奇怪的铲子，在山坡上东掘一下，西掘一下，寻找着一切可能的线索。

从现场看，这座汉墓在2000多年以前就被盗墓贼光顾过好几回，金印和玉玺一类值钱的东西早就被搜刮一空，破案的线索很少。

但在俑坑中，王恺和考古人员还是发现了不少反常现象：俑坑的四壁十分随意和简陋，似乎根本就未作平整；俑坑底部凹凸不平，就连坑中的岩石都没有除去；陶俑好像是随意地摆放到岩石上。最令人大惑不解的是，在二号坑成群的跪坐式车兵俑中，竟然莫名其妙地站着一个孤零零的步兵俑。

葬礼在中国古代是最为庄重的礼节之一，一切都井井有条。然而，徐州的兵马俑坑却出现了许多细节上的不周到，这说明，下葬人员根本就没把葬礼当回事，匆匆忙忙、仓促了事。这堆混乱不堪的兵马俑军阵背后，必定隐藏着某种机谋。

为找到兵马俑的主人，王恺与驻徐州的中国矿业大学取得联系。1988年春，由中国矿业大学出面，邀请全国30多位地质专家，携带先进仪器，对狮子山进行

西汉将军俑：徐州狮子山兵马俑坑出土。江苏省徐州博物馆。

了一次全方位探测。专家们忙碌了十几天，测出了导电异常区，最后在图上画出了一块黑区。这里位于狮子山主峰的西南侧，正对着一户村民的家，专家说这就是墓道，王恺也很有把握地认为这下抓着了谜底。

于是，文物部门花一万块钱买下村民的房，在院子里进行挖掘。但出乎意料的是，挖了不到一米深就是基岩，再挖，还是基岩。找墓行动宣告失败，图上的黑区到底是什么造成的，专家也解释不清，但绝对不是墓。规模浩大的找墓工作无功而返，狮子山兵马俑的主人魂归何处，至今仍然是一个谜。

鼎王断耳
——后母戊鼎的永久遗憾

1939年3月的华北平原，冰雪消融，春寒料峭，原野透绿。位于安阳殷墟内的武官村，也是一派繁忙的景象。

自从安阳小屯村发现甲骨文之后，当地农民逐渐意识到殷墟文物的价值，探寻文物成为一项有利可图的副业。

一天上午，吴希增在吴培文的田地上用探杆找文物，当探杆钻到地下10多米深的时候，触及到一个硬物，吴希增将探杆取上来一看，发现坚硬的探头卷了刃，上面还留有绿色的铜锈，他意识到探到宝物了。按当地规定，探宝不分地界，但探出宝来，宝物所在地的主人要分得宝物售款的一半。吴希增和吴培文商定分成之后，当晚便破土挖宝。

挖掘是秘密进行的。到半夜时分，挖下约10米深，宝物被发现了，最先挖到的是器物的柱足，接着整个器物显露出来：大方鼎的口朝东北，柱足朝西南，横斜在泥土里，大如马槽，但只有一个鼎耳，另一个鼎耳不知去向，人们在泥土中找了很长时间也没找到。（关于鼎王“断耳”，目前学界说法不一。此为一种说法。）

第二天夜里，吴希增组织了40多人往上提，他们在洞口搭了一个架子，用两条粗约5厘米的麻绳，一条拴住鼎耳，一条拴住柱足，一部分人在上面用力拉，一部分人在洞下用杠杆撬起一头并将土填入底部，然后再撬另一头，用这种办法一点一点地往上抬，当提到六七米时，粗实的绳子突然断裂。此时，天将放亮，为防别人发现，又将洞口堵了起来。到第三天夜里，终于将这个特大方鼎弄出了地面。村民们见这个方鼎大得可以做个马槽，就把它叫做“马槽鼎”。

方鼎出土虽然是在秘密情况下进行，但是消息还是泄露了出去。不久，驻安阳飞机场的日军警备队长黑田荣次前来“参观”，北平古董商萧寅卿也秘密造访，并表示愿出20万银元购买，但要求村民将鼎砸成四至十块，以便分批装箱运走。村民受银元诱惑，真的开始肢解方鼎。先是用钢锯条锯，但由于方鼎硬度高，没锯动，又改用铁锤砸，方鼎受到严重破坏。后来，村民觉得把方鼎破坏了太可惜，万一萧寅卿不要，不完整的方鼎很难出手，于是村民停止肢解，将方鼎埋入地下保存了起来。

但这事不知怎么还是传到了日本人耳中，日伪宪兵队多次前来搜寻。为了防止宝物被日本人抢去，村民将方鼎转移到较远的地方埋藏起来，而在原来埋藏方鼎的地方，埋入了一件小铜鼎。日本宪兵找到埋藏地点，将小铜鼎抢走，大方鼎得以保存下来。

直到抗战胜利后的1946年，方鼎才重新被村民们挖出。方鼎挖出后，村民们对它的归属问题产生了分

后母戊鼎（原称司母戊鼎）：1939年河南安阳武官村出土，中国国家博物馆藏。

歧，结果鼎被送到安阳县衙，以后辗转到南京博物馆。1959年，后母戊方鼎被运送到了北京，现珍藏于中国历史博物馆（国家博物馆前身）。至于那只遗失的鼎耳，专家们经过仔细研究，安上了一只足以乱真的假耳，算是弥补了一大缺憾。

后母戊方鼎重832.84千克，通高133厘米，口长112厘米，宽79.2厘米，壁厚6厘米，立耳，长方形腹，四柱足空，所有花纹均以云雷纹为底。耳外廓饰一对孩纹，虎口相向，中一人头，好像被虎吞噬，耳侧缘饰鱼纹。鼎腹上下均饰以夔纹带构成的方框，两夔相对，作饕餮形，中间隔以短扉棱。鼎腹四隅皆饰扉棱，以扉棱为中心，有三组兽面纹，上端为牛首纹，下端为饕餮纹。足部饰兽面纹，下有三道弦纹。腹内壁有铭文“后母戊”三字。

如此精美绝伦的冶铸技巧，令世人惊叹不已。商周两代是我国铸造和使用青铜器的鼎盛时期。安阳殷墟武官村出土的这件后母戊方鼎，形体之大，造型之精，是世界迄今出土的最大最重的中国古代青铜器，被中国国家博物馆视为镇馆之宝。

图书在版编目（CIP）数据

考古的故事／董文俊，熊志勇，吴宁宁著. —石家庄：河北人民出版社，2014. 5
（人文故事丛书）
ISBN 978-7-202-08474-8

Ⅰ. ①考… Ⅱ. ①董… ②熊… ③吴… Ⅲ. ①考古发现－中国－通俗读物 Ⅳ. ①K86-49

中国版本图书馆 CIP 数据核字（2013）第 309750 号

丛书名	**人文故事丛书**
书　名	考古的故事
著　者	董文俊　熊志勇　吴宁宁
选题策划	王苏凤
责任编辑	李春鹏
美术编辑	李　欣
封面设计	武　德
责任校对	付敬华　余尚敏
组　稿	北京新浪大江流文化传播有限公司
出版发行	河北出版传媒集团　河北人民出版社 （石家庄市友谊北大街 330 号）
印　刷	保定市中画美凯印刷有限公司
开　本	787 毫米×1092 毫米　1/16
印　张	13.25
字　数	172 000
版　次	2014 年 5 月第 1 版　　2014 年 5 月第 1 次印刷
书　号	ISBN 978 - 7 - 202 - 08474 - 8/K・1111
定　价	39. 80 元